HORST BURSCH

Bacchus im Vorgebirge

Vom einstigen Weinbau zwischen Bonn und Brühl

Heimatbuch DIVOSSEN

HORST BURSCH

Bacchus im Vorgebirge

Vom einstigen Weinbau zwischen Bonn und Brühl

Heimatbuch DIVOSSEN

Horst Bursch:
"Bacchus im Vorgebirge"

© 1999
VERLAG
WALTER J. DIVOSSEN
BURBANKSTR. 28
53229 BONN
RUF 0228 48 21 92
FAX 0228 48 22 63

Gesamtherstellung:
VERLAG DIVOSSEN

Alle Rechte vorbehalten!
Gewerbliche Auswertung jeglicher Art z.B. für Rezitation, Rundfunk, Film, Fernsehen, Printmedien und andere Medien nur mit Genehmigung des Verlages gestattet!

Alle Abbildungen (soweit nicht anders angegeben): Horst Bursch.

ISBN 3-931543-51-X

INHALTSÜBERSICHT

Abschied vom Weinbau vor 87 Jahren — 5

Bacchus im Vorgebirge — 5

Erste urkundliche Erwähnungen der Vorgebirgsdörfer im Zusammenhang mit dem Weinbau — 10

"Merkwürdige Terrassen" und "Fläächte" — 12

"Vom Vuss jeleck" oder: Einmaleins der früheren Rebsorten — 16

Vom "schäumenden Hemberger" und "Alfterer Schäumling" — 22

Vorgebirgsreben am Kap der Guten Hoffnung — 23

Die drei Rankenberge — 25

Gestickt, geprofft, gepaußt — 30

Rahmen (Röhm) und "Bichröhm": Interessantes und Kurioses von den Weinbergpfählen — 32

Berufe, Tätigkeiten und Familiennamen rund um den Weinbau am Vorgebirge — 39

Ausdehnung, Umfang und Ende des Weinbaus am Vorgebirge — 44

Von der Weinlese in guten und schlechten Weinjahren nebst zugehörigem Brauchtum — 51

Schatz, "nasser Zehnt", Pachtgeld, andere Abgaben sowie Weinakzise — 63

Streit und Ärger um die Erhebung des Bornheimer Weinzehnten — 69

Ehemalige Weinhäuser zwischen Alfter und Walberberg — 73

Die traditionsreiche Johannisminne — 75

Mutter Anna als Winzerpatronin in Bornheim und vielleicht in Badorf	78
Die Verehrung des Winzerpatrons Urbanus in Badorf	80
Laurentius, Winzerpatron im südlichen Vorgebirge	81
Der frühere Weinbau in Trippelsdorf, das sagenumwobene Schloß Montjoie und das Winzerpatrozinium des heiligen Vinzenz von Zaragoza	81
Passionskreuze an früheren Weingütern (mit besonderer Berücksichtigung des Dersdorfer Herrenleichnamsgutes und des Altenberger Hofs zu Kardorf)	84
Weingartshöfchen und Weingüter von Oedekoven bis Badorf	89
* Oedekoven mit Impekoven, Nettekoven und Ramelshoven	90
* Gielsdorf	92
* Alfter mit Birrekoven und Olsdorf	94
* Roisdorf	96
* Bornheim mit Botzdorf und dem nicht mehr bestehenden Hordorf	97
* Brenig mit Bisdorf	99
* Dersdorf	102
* Waldorf mit Üllekoven	105
* Kardorf	111
* Hemmerich	115
* Rösberg	117
* Merten mit Trippelsdorf und dem untergegangenen Marsdorf	119
* Sechtem	123
* Walberberg	124
* Badorf mit Eckdorf und Geildorf	127
Quellenverzeichnis	
1) ungedruckte bzw. unveröffentlichte Quellen	129
2) gedruckte bzw. veröffentlichte Quellen	130
Literaturverzeichnis	131
Historische Karten	135

Abschied vom Vorgebirgswein vor 87 Jahren

Das zwischen Bonn und der Schloßstadt Brühl in sanften Schwüngen sich erstreckende Vorgebirge, das sich am Westrand der Köln-Bonner Bucht bis auf knapp 165 Meter über dem Meeresspiegel erhebt (Hennessenberg bei Brenig), wird seit Jahrhunderten seinem Ruf als "Rheinischer Obst- und Gemüsegarten" gerecht. Kulinarische Leckerbissen sind etwa der Alfterer und Bornheimer Spargel, der auf den Sandböden in der Ebene wächst, sowie das vielfältige, in etlichen Dörfern gezüchtete Edelobst, dem in Merten sogar ein eigenes Museum gewidmet ist.

Klimatisch außerordentlich günstige Bedingungen, wie man sie etwa auch am Oberrhein und im Bodenseegebiet findet, haben diesen Landstrich, dessen älterer Name "Ville" in erster Linie mit der im nordwestlichen Teil einst mächtig anstehenden Braunkohle verknüpft war, zu einem landschaftlich und landwirtschaftlich reichen Gebiet gemacht. Obst und Gemüse, aber auch Getreide und Zuckerrüben sowie neuerdings verschiedene Blumensorten bilden das wirtschaftliche Rückgrat der hiesigen Bauern. Besonders fruchtbar ist der Osthang des Vorgebirges mit seinen meterdicken Lößablagerungen. Hier erstreckten sich einst zahlreiche Weingärten. Die Geschichte des 1912, also vor 87 Jahren, erloschenen Weinbaus ist außerordentlich reichhaltig und vielfältig.

Dieser nahezu vergessene bzw. unbekannte regionalgeschichtliche Aspekt soll nachstehend mit zahlreichen Einzelheiten vor Augen geführt werden. Dem im Vorgebirge früher betriebenen Weinbau wird somit erstmals in Form einer selbständigen Abhandlung das Denkmal gesetzt, das ihm schon seit langem gebührt!

Bacchus im Vorgebirge

Das Vorgebirge im Süden Kölns ein Weinbaugebiet? Noch 1885 konnte der Hemmericher Pfarrer Maaßen feststellen: "Abwärts von Bonn leuchtet Gielsdorf dem Wanderer wie ein Auge aus dem Antlitz des Vorgebirges entgegen. Von Lessenich steigt man zwischen ausgedehnten, fast den einzigen in hiesiger Gegend erhaltenen Weingärten zuerst sanft, dann allmälig steiler bis zur Kapelle empor, welche von hoher Bergkuppel mit allseitig freier Aussicht überragt wird." - Stellen wir uns einmal vor, dies wäre noch heute so. Mit welchen Rebsorten, Lagen und Kreszenzen könnte das Vorgebirge aufwarten? Wie wäre es hiermit: "Badorfer Blaufuchsbeere", "Walberberger Walburgisgarten" bzw. "Walberberger Hexenturm" oder "Walberberger Jodokuskapelle" (auf dem sog. "Jodokusbild", einem Ölgemälde aus dem 17. Jahrhundert in der Walberberger Pfarrkirche St. Walburga, sind tatsächlich Weinreben oberhalb der dortigen Kirche zu erkennen!), "Trippelsdorfer Mönchshof", "Mertener Martinus-Spätlese", "Kardorfer Krauskopf-Kerner vom Bulig", "Waldorfer Kartäuser-Burgunder", "Rösberger Proffgarten", "Hemmericher Hasenhof-Riesling", "Dersdorfer Paradiesrebe", "Rankenberger Schloßgarten", "Breniger Evergislus-Auslese" bzw. "Breniger Plöner-Kabinett", "Bornheim-Botzdorfer Blütenwein", "Roisdorfer Rebenfeuer", "Alfterer Herrenwingert-Portugieser", "Gielsdorfer Jakobusrebe" oder "Oedekovener Staffelsgassen-Frühburgunder". Welchen Wein könnten die Sechtemer anbieten? Denkbar wäre ein Pinot Gris namens "Sechtemer Mercuriusstein". Warum nicht! - Ob auch Hersel, Uedorf, Widdig oder gar Urfeld mit von der Partie wären? Die allerbesten Rhein- bzw. Weinlagen sind es ja durchaus nicht, dennoch: "Urfelder St.-Thomas-Garten", "Widdiger Rheinberg", "Uedorfer Siechenhaus" oder "Herseler Ursulinenufer", ein süffiger Müller-Thurgau mit blumigem Muskatton, könnten einem schon das Wasser im Munde zusammenlaufen lassen!

Lassen wir einmal außer Betracht, daß es in Hersel und in Oedekoven als Weingüter deklarierte malerische Verkaufsstellen (mit Ausschank) für edle Weine gibt, von denen die in der Oedekovener Staffelsgasse tatsächlich einmal ein reines Weingütchen war, so müssen wir feststellen, daß es im Vorgebirge zwar hier und dort noch einen privaten Weinstock, aber keine kommerziell genutzte Rebfläche mehr gibt. Eine kleine Rebparzelle liegt z.B. noch am sanften Hang vor dem Mertener Kloster. Einst jedoch war das gesamte Vorgebirge auf weiten Flächen mit Reben bestanden: Ein überaus malerischer Anblick, wenn man bedenkt, daß inmitten der Wingerte oft freistehende Weingüter das Auge erfreuten (dazu weiter unten).

Nachweislich führten die Römer, die das Vorgebirge relativ dicht besiedelten, hier den Weinbau ein. Die Nähe zur Garnisonsstadt Bonn sowie zur Hauptstadt Niedergermaniens, der Colonia Claudia Ara Agrippinensium, machte für sie diesen Landstrich anziehend. Mehrere überörtliche Straßen, regelrechte Fernhandelswege, kreuzten das römerzeitliche Vorgebirge: Parallel zur "Miel", der Rheintalstraße, verlief eine Wegeverbindung von Bonn über Sechtem nach Brühl und Köln (die alte "Kaiserstraße"); dem Vorgebirgshang folgte an der Talsohle eine weitere Straße, und den heutigen Heerweg auf der Hochfläche des Vorgebirges hatten die Römer schon als bestehend vorgefunden. Von Köln über Wesseling (Vassiliacum), Keldenich (Caldiniacum), Sechtem (ad SEPTIMAM leugam), den Altenberger Hof am halben Hang des Vorgebirges im Winkel zwischen Kardorf, Hemmerich und Rösberg (ad montem ALTUM) und Metternich (Materniacum) auf der Rückseite des Vorgebirges führte eine bedeutende römische Straße nach Trier, einer bereits vor 2000 Jahren bedeutenden Metropole, die vom Weinanbau und vom Weinhandel geprägt war. Von hier aus führte die Straße weiter ins Innere Galliens. Sowohl auf dem Schiffsweg über den Rhein als auch über Land konnten die Römer ihre in südlichen Gefilden gezüchteten Reben ins Vorgebirge bringen.

Für Baden-Württemberg wissen wir, daß dort Kaiser Marcus Aurelius Probus (276 bis 282 regierend) den Weinbau einführte und förderte. Möglicherweise aber war der Weinbau im Bonner Raum bereits früher etabliert worden.

Über manches wäre zu berichten. Fangen wir damit an: "Frauen und Wein" (ein schönes Thema nach einem bekannten Lied von Gerhard Winkler). Ursprünglich war den römischen Frauen das Weintrinken ganz verboten, und die Männer durften dieses berauschende Getränk erst mit Vollendung des 35. Lebensjahres probieren. Zunächst war es üblich, den Wein nur mit Wasser verdünnt zu genießen, doch sollte sich diese Sitte vor allem in den römischen Provinzen am Rhein rasch ändern. Hier avancierte der als "Göttertrunk" gefeierte Wein rasch zu einem begehrten und von allen gesellschaftlichen Schichten geschätzten Getränk. Eine Weinspende ("libatio") galt sogar als letzte Ehrung für einen Verstorbenen, zugleich war sie aber auch die Weihe des Scheiterhaufens. Der Wein barg Leben und Tod zugleich in sich. Bacchus galt den Römern als oberste Weingottheit. Für das 3. Jahrhundert ist in Köln laut entsprechender Weiheinschrift ein bacchischer Mysterienverein nachgewiesen. Die Bacchanalien oder Bacchus-Feiern gerieten nicht selten zu wüsten Trinkgelagen, zu regelrechten Orgien, die den Genuß des ewigen Lebens in einem glückseligen Jenseits vorwegnehmen sollten. Das trinkfreudige Köln, die Hauptstadt der rheinischen Fröhlichkeit schon zu Zeiten der Römer, strahlte geradezu selbstverständlich und ganz natürlich auf das Vorgebirge ab. Auch hier lebten und wirkten in römischer Zeit fröhliche Zecher, denen der Genuß eines edlen Tropfens kein Kopfzerbrechen, sondern allenfalls Kopfschmerzen bereitete!

So nimmt es nicht wunder, daß man beispielsweise in Merten-Trippelsdorf ein römisches Rebmesser fand, dem der Fund einer Büste des Silen, einer antiken Weingottheit, zur Seite steht. Silen wurde mitunter Bacchus gleichgesetzt. Antike Weinamphoren wurden in Badorf, am Altenberger Hof, in Walberberg und in Waldorf gefunden. Und was sagt uns der 1472 in Bornheim urkundlich belegte Flurname "uff Kadderet"? Mit größter Wahrscheinlichkeit haben wir es hier mit einem antiken Reliktwort zu tun, dessen Grundform "Cataracta" die Nebenbedeutungen "steiler Abhang" und "Weinberg" aufwies. Solche Reliktwörter sind im Vorgebirge zwar selten, doch geben auch einzelne Beispiele Hinweise auf die Land- und Weinbauwirtschaft der Römer. So verweist die in Kardorf heute noch lebendige Flurbezeichnung "Brassel" auf ein antikes "Praticellum" in der Bedeutung "kleine Wiese". Der im Vorgebirge mehrfach anzutreffende Flur- und spätere Familienname "Vendel" (etwa in Roisdorf, Hemmerich und Badorf) ging hervor aus einem lateinischen "vinitellum", was sich mit "kleiner Weinberg" übersetzen läßt. Mehrfach gab es im Vorgebirge, aber auch in Bonn-Dottendorf, den auf den Weinbau bezogenen Flurnamen "Novele" (so in Bornheim und in Hemmerich). Damit (abgeleitet von "novalis") bezeichneten die Römer einen neuen ("jungen") Weingarten. Für das Moselromanische sind parallel um 1140 in Lieser die Namen "Nuvel" und "Nubels" (1343 in Merl) zu verzeichnen. 1481 ist zu "Dersdorpp" ein Weingarten "up dem Noevell" belegt.

"Trevelßdorffer Roggen: Weitzen: Haber: und Weinpfacht, So dan Höner und Pfennings gelt Faihr unnd Faihrwein." (1669)

In diesem Büchlein spielt der Ort Trippelsdorf an mehreren Stellen mit Bezug auf den Weinbau eine bedeutende Rolle. Möglicherweise läßt sich bereits der Ortsname etymologisch als römerzeitliche Bezeichnung für ein bestimmtes Rebgelände deuten. Denn die mittelalterlichen Vorläuferformen "Traevensdorph" (1126) und "Trevenstorph" (1138) lassen sich hinsichtlich ihres ersten Bestandteils durchaus auf die Grundform "(in)tra vineas" (= innerhalb von Weingärten gelegen) oder deren Variante "trans vineas" (= jenseits der Weingärten, hinter den Weingärten) zurückführen. Eventuell geht der Bonner Siedlungsname Dransdorf (im Mittelalter: "Travinstorp") auf die gleiche Wortwurzel zurück. Zu vergleichen wäre diese Bezeichnung etwa mit der tatsächlich belegten spanischen Weinbergbezeichnung "Tras la Viña" in Asturien. Aber auch der Name des an der Mosel gelegenen malerischen Städtchens Traben ist in dieser Hinsicht verdächtig.

Bisher ungeklärt ist der Name der Kardorfer "Travenstraße". Um 1650 finden wir in einem kirchlichen Rechnungsbuch der damaligen Gemeinde Kardorf-Hemmerich die Flurbezeichnung "in der Draven". Könnte es sich hier auch um ein stark verschliffenes ursprüngliches "(in)tra vineam" bzw. "tra(ns) vineam" handeln? Oder liegt einfach eine Variante für "Trauben" vor? Auf die Kardorfer Travenstraße stößt übrigens die Rebenstraße, deren Bezeichnung freilich erst neueren Datums ist.

*

"In vino veritas" mag schon mancher Römer weinselig - nachdem man ihm "reinen Wein eingeschenkt" hatte - geäußert haben, als er hier im Vorgebirge vor etwa 1800 Jahren zum wiederholten Mal den Becher hob, um Silen, Dionysos, den z.B. in Merten verehrten Nymphen, Bacchus oder einer anderen antiken Weingottheit zuzuprosten. Und noch heute klingen manchem die feiertäglichen Glocken mit den Worten "vinum bonum, bonum vinum" in den Ohren. - Wein und Tradition: Dies gehört zusammen, besonders im auf Tradition bedachten und an Brauchtum heute noch außerordentlich reichen Vorgebirge.

Erste urkundliche Erwähnungen der Vorgebirgsdörfer im Zusammenhang mit dem Weinbau

Erstaunlicherweise werden zahlreiche Dörfer des Vorgebirges urkundlich überhaupt erstmals im Zusammenhang mit dem örtlichen Weinbau erwähnt. So wird in einer kaiserlichen Urkunde, einem sog. Schutzbrief, vom 17. September 1156 Kardorf als Winzerort aufgelistet, von dem als jährliches Deputat zwei Ohm Wein an das Stift Schwarzrheindorf abzuliefern waren. Ein Ohm Wein betrug früher nach dem sog. Bonner Maß knapp 142 Liter. Das damalige Stift und spätere Kloster mit seiner berühmten Doppelkirche bezog also von seinen Weingärten in Kardorf Jahr um Jahr etwa 284 Liter Wein. - Über den früheren Winzerort Kardorf wird an anderer Stelle noch mehr zu berichten sein. - Der gleiche Sachverhalt wird übrigens 1173 für das benachbarte Waldorf geschildert. Das ist natürlich auffällig, und es ist durchaus zu fragen, ob hier nicht ein und dasselbe Deputat gemeint ist. Lagen die Wingerte, von denen der Wein stammte, vielleicht im Grenzbereich zwischen Kardorf und Waldorf, etwa in dem später als Rebfläche ausdrücklich erwähnten "Haytgenhusen"? Denn 1349 wird Haytgenhusen als "in Cardorp up Waldorper straissen" gelegen erwähnt. Auch der 1197 erstmals erwähnte Kardorfer Ortsteil "Bruchkin" könnte in Frage kommen.

Anno 1113 wird in einer Urkunde des Bonner Stiftes Dietkirchen der Roisdorfer Weingarten "Nantwardu" erwähnt. In einer im selben Jahr ebenfalls von Dietkirchen ausgefertigten Sechtemer Urkunde wird als Zeuge zur Bestätigung des urkundlichen Inhalts ein gewisser Nantwart genannt, der höchstwahrscheinlich dem Dietkirchener Fronhofverband zu Roisdorf als sog. "Villicus" vorstand und nach dem der dortige Wingert seinen Namen erhielt. Überhaupt ist anzumerken, daß der wirtschaftliche Schwerpunkt dieser Bonner geistlichen Institution in Roisdorf auf dem Gebiet des Weinbaus lag. So lieferte die Roisdorfer Traubenernte des Jahres 1430 einen Ertrag von zehn Fuder Wein, was einer Menge von zehn- bzw. zwölftausend Liter entspricht!

1603 wurde in der Oberdorfstraße der vor kurzem abgerissene "Deetkirche Hoff" als schmuckes Weingut neugebaut. Im örtlichen Volksmund war das Gütchen auch unter dem Namen "Vendelshof" bekannt. - Über die letzte Roisdorfer Traubenernte im Jahr 1900 lese man an späterer Stelle nach.

Der neben Gielsdorf und Oedekoven wohl wichtigste Weinbauort des Vorgebirges, Trippelsdorf, wird erstmals im Jahr 1126 erwähnt: Ein "Winricus de Monte sanctae Walburgis" (Winrich von Walberberg), der ein Ministeriale, d.h. ein mit einem Hofamt betrauter Lehensnehmer des Grafen Adolph von Saffenberg war, schenkte damals der Abteikirche zu Klosterrath (heute Rolduc in der südniederländischen Provinz Limburg) einen bei Trippelsdorf gelegenen Weingarten.

Das ehemalige Weingut des Bonner Stiftes Dietkirchen (1603) in Roisdorf.

Bezogen auf das Jahr 1118 berichtet die Chronik von Klosterrath, daß die Eheleute Meinsco und Gepa die Abtei Klosterrath unter anderem mit einem bei Walberberg gelegenen Weingarten namens "Dalewingart" dotiert hatten. Der später noch oft erwähnte "Talweingarten" lag in der Trippelsdorfer Gemarkung, also im Kirchspiel von St. Martinus zu Merten. Wohl aus diesem Grund mußte damals der Zehnt von diesem Wingert an die Kölner Kirche Groß Sankt Martin abgeliefert werden.

In der ältesten Alfterer Urkunde aus dem Jahr 1067 wird u.a. berichtet, daß Erzbischof Anno II. von Köln dem Kölner Stift Sankt Georg Weinberge in Alfter schenkte ("Vineas quoque eidem ecclesiae contulimus in Alvetra quae nostri iuris erant" = 'haben wir der Kirche Weinberge in Alfter zugewiesen, die uns unterstellt waren').

*

Die Förderung des Weinbaus am Vorgebirge ist vor allem den mittelalterlichen Stiften und Klöstern zu verdanken. Kaum eine geistliche Institution der Domstadt Köln oder der Stadt Bonn, die hier nicht mit dem Anbau von Wein vertreten gewesen wäre. In Köln waren es vor allem die Kartäusermönche, die zwischen Bornheim und Merten die besten Lagen ihr eigen nannten. Für Bonn sind in erster Linie Dietkirchen sowie das Münsterstift Sankt Cassius und Florentius anzuführen. Das Brühler Kloster Sankt Maria in den Benden nannte in Kardorf, Walberberg und Eckdorf (einem zu Brühl-Badorf zählenden Weiler) Weinhöfe sein eigen, die mit zahlreichen Liegenschaften im gesamten Mittelabschnitt des Vorgebirges ausgestattet waren.

Auch dem Adel lag der hiesige Weinbau sehr am Herzen. Nach dem Zusammenbruch der römischen Herrschaft und dem Weggang des römischen Militärs aus den rheinischen Garnisonsstädten wurde zunächst der Weinbau stark vernachlässigt, denn den Franken lag dieser Bereich der Landwirtschaft nicht besonders. Erst unter den Karolingern erfuhr der hiesige Weinbau eine neue und vor allem nachhaltige Blüte. Kaiser Karl der Große besaß vor den Toren der Stadt Bonn, im Gemarkungsbereich von Lessenich, um 788 ein Landgut. Ihm, dem das Trinken von Wasser durchaus ein Greuel war, sagt man eine starke Unterstützung des Weinbaus nach. Gerade die an Lessenich anstoßenden Gemarkungen von Messdorf, Medinghoven (zu Bonn-Duisdorf gehörig), Oedekoven und Gielsdorf wurden nunmehr Zug um Zug mit Reben bepflanzt. Karl der Große, der schon gegen Ende des 8. Jahrhunderts Vorschriften zum Weinbau erließ, hatte in dieser Hinsicht tatkräftige Nachfolger. Die deutschen Könige verlehnten oder schenkten ihren Eigenbesitz an etliche geistliche Institutionen und den immer mächtiger werdenden Adel, dem der Unterhalt eigener Weingüter, vor allem in den guten Hanglagen des Vorgebirges, von hoher Bedeutung war. So erwarb Pfalzgraf Ehrenfried Ezzo "durch die Heirat mit der Schwester von Kaiser Otto II., Mathilde, kaiserliche Kammergüter in Gielsdorf, die über eine Nachfahrin Mechtildis von Sayn ab 1283 endgültig den Kurfürsten von Köln und der Propstei des St. Cassiusstiftes zufielen" (R. Thomas, Gielsdorf). - Über den Weinbau in Gielsdorf ist an anderen Stellen dieser Schrift noch viel Interessantes zu berichten.

"Merkwürdige Terrassen" und "Fläächte"

Die Weinberge an Ahr, Rhein, Mosel und anderen Flüssen sind vielfältig abgetreppt. Oft reicht dieses Terrassensystem bis kurz unter den Waldsaum, der die Berge krönt. Die abgeflachten Rebparzellen, auf denen nicht selten nur zehn bis zwanzig Rebstöcke stehen, bilden ein charakteristisches Bild, wie es jedem Rheinreisenden durchaus geläufig ist. Diese Geländeabstufungen dienen einer besseren Bearbeitungsmöglichkeit. Untereinander verbunden sind sie durch Steintreppchen oder schmale Pfade, die in der Mundart des Vorgebirges heute noch als "Reen" (z.b. zwischen Rösberg und Merten: "Köppches-Reen") geläufig sind. Diese "Reene" werden schon in alten Schriftstücken erwähnt, so etwa mit Blick auf den Rösberger Weingarten "up dem Buffert, scheußt up den gängen Reen zur Sonnen Bollighalffen" (1690). Wer den Osthang des Vorgebirges aufmerksam betrachtet, wird an einigen Stellen noch solche Terrassen ausfindig machen. Heute sind sie noch besonders gut bei Trippelsdorf, östlich unterhalb des Hemmericher Burgbendens (Richtung Altenberger Hof) und zwischen Kardorf und Waldorf erkennbar. Auch oberhalb des Siefenfeldchens zwischen Bornheim und Roisdorf liegen noch einige ehemalige Weinbergterrassen, die früher unter der Flurbezeichnung "Lodeschorn" (belegt im 15. Jahrhundert) bekannt waren. Die Erklärung der Flurbezeichnung "Lodeschorn" erfolgt in einem späteren Kapitel.

Die am Hang gelegenen Weingärten auf den abgetreppten Terrassen boten das Bild vielstöckiger "Gezeilen" von Reben. Die einzelnen Weinstöcke durften nicht zu eng stehen, damit es nicht zu Mindererträgen kam. Ein diesbezüglicher Winzerspruch lautete: "Stell mich frei, und ich trage für drei!"

Der damalige Hemmericher Pfarrer German Hubert Christian Maaßen (1825 bis 1910), der von 1862 bis zu seinem Tode in der Pfarrei Sankt Aegidius zu Hemmerich wirkte und eine Reihe von lokalhistorischen Arbeiten verfaßt hat (u.a. vier umfangreiche Bände zur Geschichte der Pfarreien der alten Dekanate Hersel, Bonn Stadt, Bonn Land und Königswinter), sprach 1882 in einer archäologischen Abhandlung über den sog. "Römerkanal" aus der Eifel nach Köln und die römische Staatsstraße von Köln nach Trier über jene "merkwürdigen Terrassen", deren Anlage er unter Hinweis auf entsprechende Bodenfunde den Römern zuwies: "Beim Anblick der Linien, welche die Terrassen der Länge wie der Breite nach abtheilen, tritt so recht die Einheit und Planmäßigkeit der ganzen Anlage hervor. Jeder einzelne Bergrükken repräsentirt ein System von Terrassen, welche stufenweise vom Thal zur Höhe aufsteigen. Der Raum zwischen der obern und der zunächst tiefern Stufe ist der Art ausgeglichen, daß jedesmal eine Ebene gebildet wurde, welche sich der horizontalen Fläche nähert. So wurden bequeme Baustellen, schöne Gärten und Weinberge geschaffen, welche bis auf den heutigen Tag der Grenzabtheilung der Fluren zu Grunde liegen und für die gesammte Bodenkultur von nicht zu unterschätzendem Werthe sind. Mit Einschluß der bei Hemmerich befindlichen Terrassen kommen auf der kurzen Strecke von Merten (unterhalb Rösberg) bis Waldorf, 2 Kilometer weiter, acht vollständige Systeme neben einander vor, theils auf erhabenen Bergabhängen, theils in den dazwischen liegenden Mulden. In Verbindung mit den Terrassen findet man römische Ziegel, festes und gelöstes Mauerwerk, Krüge oder Scherben."

Ehemalige Weinbergterrassen zwischen Waldorf, Kardorf und Hemmerich.

Sicherlich haben die römischen Siedler mit der von Maaßen so anschaulich beschriebenen Terrassierung begonnen. Ihr Werk wurde aber im Mittelalter erweitert und ausgebaut. Denn je mehr Reben gepflanzt wurden, desto mehr abgetreppte Parzellen waren nötig. Maaßen faßte seine Beobachtungen mit den Worten zusammen: "Ich habe die Weinberge bis Gielsdorf und bis an den Kreuzberg und alle bis dahin vorfindlichen Pflanzstücke in Vergleich gezogen und nirgendwo ähnliche Terrassen gesehen." Die Lage des heute noch bestehenden Altenberger Hofs zwischen Kardorf und Merten am halben Hang des Vorgebirges, eines ehemaligen Wein- und Ackergutes der damaligen Walberberger Jesuiten, schilderte Maaßen so: "Das fruchtbare Erdreich ermunterte zur Anlage von Gärten und Weinbergen. Die hinter dem Gebäude aufsteigenden Terrassen bildeten dazu die beste Grundlage und dem Hause einen geschmackvollen Hintergrund."

Die durch die terrassierten Parzellen gebildeten relativ flachen Geländestreifen werden in der Mundart des Vorgebirges, in dessen Dörfern ein ausgeprägtes Platt gesprochen wird, heute noch als "Fläächte" bezeichnet. Dieser der alteingesessenen Bevölkerung des Vorgebirges geläufige Spezialausdruck ist ausschließlich an den Weinbau geknüpft, und so begegnen uns in historischen Urkunden und Akten zahlreiche Namen, die mit dem Grundwort "Vlacht", "Flacht", "Flächte", "Flecht" usw. gebildet sind. Hier aus der großen Fülle einige Beispiele: "Hinter der Flechten" (Schwadorf, 1759)

"Broichflaichte" (Waldorf, 1464; auch in Bornheim gab es eine "Broichflachten under dem Ludenschorn", Anfang 17. Jahrhundert), "Hattevlachten" (Waldorf, 1271), "Fronflecht" (Waldorf, 1654), "boven dem flechtgen" (Rösberg, 1596), "in der Vleychten zo Haytgenhusen" (Kardorf, 1349), "in der Jonger Flachten", "in der Profflechten", "in der Steinflachten" (alle Bornheim, 1490). Auch in Urfeld ist für 1582 der Flurname "in der Steinflachten" nachgewiesen. Die ehemalige Herrlichkeit Bornheim wies im 18. Jahrhundert 28 solcher "Fläächte" auf, die allesamt einen eigenen Namen trugen. Als Straßenname ist heute etwa noch die Bornheimer "Lindfläche" unterhalb des ehemaligen Klosterrather Hofs bekannt. Auch in Kardorf gab es eine "Lindeflacht" (1705). In diesem Ort erinnern noch die Straßenbezeichnungen "Lindenstraße" und "Unter dem Lindchen" sowie der Name des früheren "Löngcheshoffs" (ein ehemaliges Kartäusergut) an die dereinst in Kardorf zahlreich wachsenden Linden. Im Jahr 1398 sind für Waldorf die Bezeichnungen "in der Ludekesvlachten", "in der Kaesflachten" sowie "in der Puttelsvlachten" nachzuweisen. Zwischen Kardorf und Hemmerich lag einst die "Bodenheimer Fläche". In Merten sind zahlreiche Namen dieses Typs nachzuweisen, so etwa "in der Kirchflechten" (1780), "an der Dattfläche", "auf dem Pannenflechtgen" (1661), "in der liefeflechten" (1790; oft belegt im 'Trippelsdorfer Schatzbuch') oder "in der Marsdorfer Fläche" (1715). Schon 1456 wird im Londorfer Pachtregister, also eines zu Merten gehörenden Hofgutes, die "middel flachten" erwähnt (präzisiert durch die Angabe "in dem middel Wyngarden"). Dort finden sich im gleichen Jahr die Bezeichnungen "in der kokemer flachten", "die kirche fleysche" sowie "in der honger vlachten" (= in der hinteren Fläche). Anno 1436 ist für Trippelsdorf die den Kölner Kartäusern gehörende "Alfltervlachten" dokumentiert. Aus Walberberg war die "Köttinger pflachten" (1705) bekannt, von der jährlich eine bestimmte Weinmenge als Deputat an die Kapelle von Köttingen bei Liblar abzuliefern war. Zwischen 1572 und 1581 ist ein Walberberger Weingarten "in der Bachflachten" zu belegen. Diese Flurbezeichnung bezieht sich auf den Rheindorfer Bach (Rheindorf, Ort des heutigen Dominikanerklosters, ist ein alter Ortsteil von Walberberg). Gelegentlich sind diese abgeflachten Parzellen nach der Farbe des Weins benannt: "In der rothen Vlachten" (Walberberg, 1411), "im weißen Flächtgen" (Brenig, 1698). Auch die Unterscheidung zwischen jungen und alten Flächen ist in vielen Dörfern des Vorgebirges zu dokumentieren. Ein weiteres Kriterium war einst die gestaffelte Lage mit den Angaben "unter(st)e, mittlere, ober(st)e Fläche" (so in Roisdorf, Kardorf und Walberberg). Hinter dem Hemmericher Flurnamen "an der Fahnenflacht" (1732) verbirgt sich die Bedeutung, daß diese Weinbergparzelle der Kirche gehörte, die dieses Rebgelände demjenigen unentgeltlich zur Bewirtschaftung überließ, der während der verschiedenen Prozessionen die große Kirchenfahne zu tragen hatte. In anderen Dörfern des Vorgebirges gibt es etwa die analogen Flurbezeichnungen "Fahnenmorgen" (Bornheim) und "Fahnenacker" (Sechtem).

In einem späteren Kapitel werden weitere auf den Weinbau am Vorgebirge bezogene (oft recht kuriose) Flurnamen vorgestellt, deren Deutung nicht immer ganz leicht ist. Überhaupt läßt sich feststellen, daß sich in den überaus zahlreichen alten Flurnamen noch ein gutes Stück des am Vorgebirge untergegangenen Weinbaus spiegelt. Die rheinische Flurnamenforschung ist in dieser Hinsicht allgemein ergiebig, so daß es sich zweifellos lohnen würde, diesem Spezialthema einmal eine eigene wissenschaftliche Untersuchung zu widmen!

"Vom Vuss jeleck" oder: Einmaleins der früheren Rebsorten

Zu Beginn dieses Kapitels werden vor allem Rotweinfreunde auf ihre Kosten kommen. Schon das Alte Testament scheint nur rottraubige Rebsorten gekannt zu haben (vgl. Genesis 49,11 u.ö.): Hier ist die Rede vom "Traubenblut": "An den Weinstock bindet er seinen Esel und an die Rebe seiner Eselin Junges. Er wäscht im Wein sein Kleid und im Traubenblut sein Gewand."

Die Alfterer gelten im gesamten Vorgebirge als besonders humorvolles und lustiges Völkchen. Wenn ihnen etwas besonders Gutes gelungen war, griff man gerne zu einem Schoppen Wein. Einmal jedoch wurde aus dem Schoppen ein ganzes Fuder: "Als die Alfterer hörten, daß die von Oedekoven den Zehnten gepachtet hatten, riefen sie (voller Freude: Anm. des Verf.) die Gemeinde am 2. August 1555 zusammen und haben ein Fuder Wein ausgetrunken"(Dietz/Zerlett, 1967).

Seit dem hohen Mittelalter wurde im Vorgebirge vor allem ein als heilkräftig und lebensverlängernd gepriesener Rotwein angebaut, von dem man in Köln zu sagen pflegte: "Ruude Wing stopp" (verhindert die Verdauung). In einem Weinpachtregister der Hemmericher Pfarrei Sankt Aegidius wird um 1652 ein nach Kardorf zu gelegener Weingarten erwähnt, "genant die rothe Kanne", wie es wörtlich heißt, mit der Zusatzangabe "unt schießt auf das junge rothe Viertel der Jufferen von Capellen". Hier werden also gleich zwei Bezeichnungen aufgeführt, die auf den Anbau von Rotwein bezogen sind: Mit den "Jufferen von Capellen" sind die Nonnen des früheren Prämonstratenserinnenklosters Schillingskapellen bei Heimerzheim und Dünstekoven gemeint, die in Hemmerich auf der Ecke Waasem / Jennerstraße ein Hofgütchen besaßen. In einem Pacht- und Zinsregister der Grafen von der Leyen, das sich auf das oberhalb von Merten gelegene ehemals freiadelige Haus Londorf bezieht, wird um 1450 mehrfach die Hemmericher Weinlage "an dem ruden" / "an deme Rothen" u.ä. genannt. Im Dersdorfer "Rothen Broich", "im roeden Weingartz" sowie "im roten Viertel" (alle 1576 belegt) reifte ein passabler Frühburgunder.

Sorgenvoll prüften die Vorgebirgswinzer im Frühsommer, ob sich die Trauben denn nicht endlich verfärbten. Eingedenk der alten Winzerregel "Johannisblut - immer gut, Margarethenblut - nimmer gut", achtete man besonders darauf, daß möglichst schon um den Festtag des heiligen Johannes (24. Juni) die Trauben dunkler wurden. Den Margarethentag (13. Juli) erachtete man bereits als zu spät (dazu an anderer Stelle mehr). Die oftmals gekreuzten Vorgebirgsreben ergaben einen blaßroten Wein, eher einen Rosé also, den man wegen seiner bleichen Farbe "Bleichart" nannte. Die farblich kräftigere Rebsorte war unter dem Namen "Blofeß" oder "Blaufuchs" geläufig. Begann sich die anfangs grüne Traube bläulich bzw. rötlich zu verfärben, hieß es, sie sei "vom Vuss jeleck", also vom (Rot-) Fuchs geleckt worden. Die Traube wurde "fussisch", wie man in der hiesigen Mundart sagt.

Winzerhäuser und Kapelle in der Ginggasse zu Oedekoven (Zustand um 1890).

Der qualitativ beste Rotwein gedieh zweifellos in Oedekoven und in Gielsdorf. Im letztgenannten Ort wurde der "gute Gielsdorfer Rote" regelrecht zum geflügelten Wort. Einer Werbeanzeige im damaligen "Bonner Wochenblatt" vom Jahr 1819 zufolge warb der in der Bonner Sternstraße Nr. 198 wohnende Färber Nicolas Saget für den Gielsdorfer Rotwein mit den Worten: "Bei Unterzeichnetem ist neuer rother Gielsdorfer Bergwein, die Maas zu 22 Stüber, oder die große Flasche zu 14 Stüber, zu haben." Robert Thomas zitiert die 1868 verfaßten Verse des Gielsdorfer Bürgers Johann Vianden, der dem Wein folgenden Vierzeiler gewidmet hatte:

"Gielsdorf ist ein unbedeutender Ort, / aber ein ausgezeichneter Wein wächst dort, / und wo man ihn kennet nah und fern, / verlangt man nach ihm und trinkt ihn gern."

1881 hatte der damalige Sekretär des Kreises Bonn, E.A. Wuerst, in seiner Schrift über "Bonn und seine Umgebung" bemerkt, daß der Gielsdorfer Rotwein ganz vorzüglich sei und dem Ahr-Rotwein in keiner Weise nachstehe. Gezogen wurde dieser Wein nach Wuerst an Frühburgunder-Stöcken.

Als vor etlichen Jahrzehnten in Gielsdorf noch an Festtagen und während der Prozessionen feierlich mit den Kirchenglocken gebeiert wurde (ein heute im Vorgebirge wieder ganz und gar aufgelebter Brauch, der allein in elf Pfarreien der Stadt Bornheim in Blüte steht), unterlegten die Leute aus den Nachbardörfern dem Anschlagrhythmus folgendes Verslein, das auf den Gielsdorfer Wein gemünzt war: "Jielsdep, Jielsdep hätt ich doch, hätt ich doch ding Druuve, ding Druuve!" (Druuve = Trauben). Gielsdorf hatte dereinst wohl tatsächlich die besten Reben, um die man die dortigen Winzer beneiden konnte. 1528 ist für Gielsdorf beispielsweise der Flurname "in dem roden Weingarten" dingfest zu machen.

In seinen "Wanderungen rund um Bonn ins rheinische Land" (1844) hatte der Bonner Professor und Freiheitsdichter Ernst Moritz Arndt (1769 bis 1860) "die sonnigen südlichen Rebenhügel der freundlichen Dörfer auf Oedekoven und Gielsdorf gegen Alfter hin" gepriesen, mit der Bemerkung: "Dies sind gar liebliche Hügel und hübsche Dörfer, und hier auf den Höhen von Gielsdorf wächst noch ein recht edler roter Wein, wohl der letzte der mit Ehren genannten Rheinweine gegen Norden hinunter." Von Roisdorf schwärmte Arndt, "dieser berühmte Ort" sei "oben von Reben und Baumgärten, unten von Wiesen und Baumwegen eingefaßt". Der 1844 erschienene "Begleiter der Cöln-Bonner Eisenbahn" erzählte seinen Fahrgästen: "Das Vorgebirge bildet die Grenze des für den Naturfreund so merkwürdigen Eifeler Hochlandes." An den Hängen dieses gesegneten Landstrichs "giebt selbst der Weinstock an manchen Stellen noch einen guten kräftigen Rothwein".

1866 hatte Christian von Stramberg in seinem "Rheinischen Antiquarius" bemerkt: "Gielsdorf baut auf seinen luftigen Höhen einen roten Wein an, der wohl der vorzüglichste des Weingeländes von Bonn genannt werden mag, hierin dem fernen Tokay ähnlich, das ebenfalls eines gefeierten Weinlandes nördlichste Spitze ist."

Norbert Zerlett schrieb 1959: "Die Flurnamen in den Weinberglagen aus den alten Lagerbüchern des 16. Jahrhunderts erzählen vieles von den damaligen Sorten und Kulturen der Reben. Im 'Heunsch-Viertel' reifte der 'hunnische' oder 'Heunschwein' (ungarischer Herkunft), ein einfacher Landwein minderer Qualität. Seine Trauben waren hartschalig, der Rebstock aber dafür widerstandsfähig gegen Seuchen und Kälte. Er ist noch in der Steiermark bekannt. Einen besseren Wein lieferte die 'Frensch- oder Freinsrebe', später 'frankischer Wein' und 'Frankenwein' genannt, mit dem heutigen Sylvaner verwandt, der noch in Rheinhessen, in der Pfalz und am Main reift. Die Weingärten dieser Rebsorte hießen 'Frensch-Wöngert'. Unter Botzdorf waren mehrere 'Flächte' mit diesen Reben besetzt. Daher der Name 'Auf dem Franken'. Das 'Frankengütchen' der von Metternich zu Müllenark, später der Herren von Bornheim, zu dem diese Weinberge gehörten, bekam wohl daher seinen Namen. Es wurde 1934 abgerissen. Am Vorgebirge reiften aber meistens rote Trauben, der 'Frühburgunder', an den die vielen 'Rude Wöngerte' erinnern. Auf Weingärten in der Ebene reiften die Weißtrauben und auf den 'Flächten' der von der Natur bevorzugten fruchtbaren Hänge die roten. Im 19. Jahrhundert baute man versuchsweise den 'Kleinberger, kleinen Riesling' und den 'schwarzen Klävner' an." Der von Zerlett erwähnte Heunsch-Wein wurde auch in den Rheindörfern Hersel, Uedorf und Widdig angebaut, woran z.B. der 1607 belegte Herseler Flurname "im Humpschen Morgen" erinnert. Immerhin wurde Hersel bereits 1173 im Zusammenhang mit einem zwei Morgen großen Weingarten erwähnt. Otto Frings ließ in Hersel übrigens 1905 die letzten Weinpfähle bzw. Reben entfernen. An der dortigen Rheinstraße erhebt sich noch ein schmucker mehreckiger kleiner Pavillon aus dem 18. Jahrhundert, der im örtlichen Volksmund als "Weinpavillon" bezeichnet wird. Die Erinnerung an den einstigen Weinbau zu Hersel hält dem Namen nach eine Straße mit der Bezeichnung "Weingarten" wach. Neben dem roten Wein war in Hersel hauptsächlich der Weißwein etwa vom Typ des "Kleinbergers" bekannt.

Auf die Farbe des Weines waren u.a. noch folgende Flurnamen bezogen: "Am kleinen Füßling", "auf dem Fußberg", "im Blankert" (dort, wo eine helle, "blanke" Weintraube reift) und "im Blofeß" (Alfter und Roisdorf). In Alfter bezogen sich die Flurnamen "auf dem Hünsch", "auf dem Frankenstein" und "am Ruländer" auf bestimmte Weinsorten. "Tiefroten Wein, den Burgunder oder später den Klävner aus Italien, der nach dem hauptsächlichen Züchter dieser Rebensorte Ruland aus Speyer auch 'Ruländer' hieß, setzte man dem schillerfarbenen Bleichart vom Vorgebirge zu, um dunklen Rotwein zu gewinnen. Einzelne Weinbauern nahmen dazu den aus Holunderbeeren gewonnenen tiefdunklen, etwas herben Saft. Rotwein war vor Jahrhunderten ganz besonders bevorzugt gegen Pest, Cholera und Ruhr und erzielte einen wesentlich höheren Preis" (Dietz / Zerlett). Auf den eben erwähnten "Ruländer" bezieht sich der um 1669 für Oedekoven bezeugte Flurname "up dem Rulender", zu dem Robert Thomas anmerkt, daß diese Rebsorte "besonders die warmen Lößterrassen liebt und einen hohen Zuckergehalt entwickelt. Der Ruländer mit seinen rosa-grauen Burgundertrauben gibt einen tiefgoldenen Wein von kräftigem, spezifischem Bukett, ist durch Aromastoffe geprägt und gilt heute noch als die Sorte des Kaiserstuhls, wo ebenfalls, wie vor Jahrhunderten in der Gemarkung Oedekoven, Lößterrassen liegen. Dieser Ruländer wurde von den früheren Weingärtnern von Oedekoven und Impekoven bevorzugt" (Oedekoven, 1979).

Im Vorgebirge kursierte das Sprichwort: "Gegen alle Kränk und Pest, ist der rote Wein das Best." Der Rotwein lockte auch stets viele Menschen zum einstigen Breniger Krammarkt, der bis 1887 vor dem Fest Mariä Geburt (8. September) stattfand. Die Breniger Winzer schenkten den zahlreichen Besuchern in Straußwirtschaften und an den Marktständen auf dem "Ploon" ihren eigenerzeugten "Breniger Roten" ein, der - eingedenk der einst in Brenig verehrten Reliquie des heiligen Blutes (daher noch die Bezeichnung "Blutpfad" zwischen Roisdorf und Brenig) - auch "Heilig-Blut-Minne" genannt wurde.

In Waldorf, Kardorf und Hemmerich kelterte man u.a. einen süffigen Rotwein spanischer Herkunft. In mehreren alten Akten und Weinpachtregistern wird er als "spannscher Wein" bezeichnet. So heißt es bezogen auf das Jahr 1702: "Item gilt Henrich Eißenkrämerß von 3 Pint Weingartz genannt der Spannier, scheußt (= schießt, grenzt an) uff den Schelm (in Kardorf, Anm. des Verfassers) Schatz." 1719 ist erneut von jenem Rebengarten die Rede, der jetzt als "am spannschen Ruden" bezeichnet wird.

Es ist aufschlußreich, wie im Jahr 1818 die im Bonner Umland angebauten Rotweine bewertet wurden: 1. Gielsdorf, 2. Oedekoven, 3. Dersdorf, 4.Trippelsdorf..., 9. Alfter..., 26. Bornheim. An 28. und damit letzter Stelle lag die Stadt Bonn. Der am Rhein gelegene Ort Hersel rangierte auf Platz 23, gefolgt von Widdig. Auch in den Rheindörfern wurde also Rotwein angebaut. So erfahren wir bezogen auf die Jahre 1627, 1637 und 1752 von einem "roten Weingart" zu Hersel. In seinem Buch über "Hersel am Rhein" (1996) berichtet Ralf Wilhelm Breuer: "Als Cornelius Theißen und seine Ehefrau am 4.3.1589 das Herseler Weingut von Mariengraden pachteten, wurde als Pachtzins 2 Ahm guter Wein vereinbart, der sich nach 2 Jahren auf 3 Ahm erhöhen sollte. Bei der Erneuerung der Pacht am 7.11.1602 einigte man sich dann auf 'drey Ahmen guten roten Wein'. Derselbe Theißen kaufte am 27.12. 1603 von Bürgermeister Siegen in Köln ein Gut zu Hersel mit Weingarten, Land und Weidenpesch 'umb achtehalb fll Reisthlr, unnd ein ohm Roden

Weins, wie der diese negst kinffdigh Jahr Zue Hersell und Zue Udorff wachstenn wirdet'."

Man muß sich vergegenwärtigen, daß etliche Vorgebirgswinzer die Rebsorten nach Gutdünken durcheinander kreuzten und die Farbe des Weines mit allerlei Hilfsmittelchen "auffrischten". Von den Holunderbeeren war bereits die Rede. Es kamen aber auch Johannisbeersaft, Himbeersaft und Kirschsaft zum Einsatz. Derart "gepanschte" Weine, vielfach mit Honig gesüßt, fielen nach heutiger Auffassung natürlich nicht unter ein besonders definiertes Reinheitsgebot. Gleichwohl kam es gelegentlich zu Klagen. So beschwerten sich 1780 die Kölner Kreuzherren über ihren in Hemmerich gekelterten Wein, den der damalige Halfe des heute noch in der Pützgasse bestehenden Kreuzhofes zu sehr mit "Kirschenwasser" versetzt hatte: "Und ist es zu beklagen, daß der Wein nicht einmal mehr als Pollenwein (= Meßwein, der während der Kommunion zu den Hostien gereicht wurde) zu gebrauchen seye, wovon unser Halfmann nichts habe wissen wollen."

Nicht selten war die Qualität des Vorgebirgsweines so miserabel, daß er nur noch als Essig Verwendung finden konnte. Bezeichnungen wie "suure Honk" (saurer Hund) oder gesteigert "haatsuure Honk" (hartsaurer Hund) wechselten mit "Surampes" (eigentlich 'Sauerampfer') und "Sürling" (Säuerling), einer übrigens 1490 für Bornheim belegten Flurbezeichnung ("ahm Surdeling"), und "Krätzer". Die Bezeichnung "Krätzer" bezog sich auf einen Wein, dessen Genuß starkes Halskratzen verursachte, der also ein wahrer Rachenputzer war. - In der Pfalz nannte man den schlechten Wein des Jahres 1392 "Ratzmann", und zwar "sicherlich nach seiner ätzenden, Zunge und Gaumen und den ganzen Mund zusammenziehenden Eigenschaft, die in der älteren Sprache durch das Eigenschaftswort raeze, althochdeutsch razi, heute noch im Oberdeutschen und im Fränkischen räß, scharf von Geschmack, beißend, herbe bezeichnet wird. Er war also ein rechter Rachenputzer und 'Surius'" (Wrede, 1935).

Im schlechten Weinjahr 1771 versuchte der Alfterer gräfliche Kellner seine Herrschaft mit den Worten zu trösten: "Saurer Wein und schlechtes Korn kosten das mehrigste (= meiste) Geld." Der für das Jahr 1576 belegte Dersdorfer Flurname "Suiren Hostart" besagt, daß eine ehemalige Rebparzelle, die lediglich einen arg sauren Wein zu liefern pflegte, in einen Obstgarten umgewandelt worden war. Im Vorgebirge werden die Obstgärten noch heute als "Hösterte" bezeichnet (vgl. in Waldorf die Straßennamen "Hostertstraße" und "Am Vogtshostert").

Vom sauren Wein berichten hin und wieder alte Aufzeichnungen. 1766 beschwerte sich der Alfterer Burgherr über den aus Roisdorf in seinen Keller überführten Weißwein mit den Worten: "Hab nicht Essig wollen, sondern Weißen. Kann ihn nicht trinken und ist für Essich noch zu schade." Herber konnte ein diesbezüglicher Tadel wohl kaum ausfallen!

Essig und Essig ist freilich zweierlei. Denn mit einem "Essig" wurde einst in hiesiger Gegend auch eine platzähnlich erweiterte Wegegabelung bezeichnet, wie sie beispielsweise für Walberberg (1613 "auffm Essigh"), Brenig (um 1360, siehe unten) und Witterschlick ("auf dem Essig", 1751) bezeugt ist. Bezogen auf den zwischen Hemmerich und Kardorf gelegenen Altenberg (mit dem Altenberger Hof, der einst den Jesuiten als einträgliches Weingut gehörte), finden wir für das Jahr 1660 folgende Notiz: "Theiß Pfietz im altenbergg gilt jahrlichß von dem gemeinen Essig daselbst im Altenbergh in der heren Jesuiteren guetern gelegen Weins ein halbes Ahm." In einer erläuternden Anmerkung heißt es weiter: "Dermaßen jene heißen alsolche Essig, nemblig von der gemeindten mit dieser beschwernuß eingeräumbt, daß ihr freystehen solle alsolchen wegh auff ihr belieben wieder zu sich zu nehmen." Das heißt im Klartext, daß die Anrainer ihr zur Anlage eines solchen Essigs abgetretenes Land wieder zurückziehen durften. - Der Breniger Essig wird schon um 1360 im Weistum des Apostelstifts für seinen Breniger Fronhof auf dem Ploon erwähnt: Hinter der damaligen Rollenmühle führte ein Weg entlang, von dem "ein frei eszig" abzweigte, "der soll alszo weit seyn, dasz man einen arntzwagen (= Erntewagen) mit vier pferden darauf kann wenden sonder iemands einreden".

Vom "schäumenden Hemberger" und "Afterer Schäumling" Im 18. Jahrhundert und wohl auch noch zu Beginn des 19. Jahrhunderts wurde in Hemmerich in einigen Winzerbetrieben Sekt hergestellt, der im Volksmund unter der Bezeichnung "schäumender Hemberger" bekannt war. Der Name dieses Schaumweins bezog sich auf die aus dem Mittelalter stammende Vorgängerform des späteren Ortsnamens. 1163 wurde das Dorf "Himberg" genannt, und aus den Jahren 1210 und 1225 gibt es Belege für die Variante "Hemberg". Dieser Name bedeutet "Hohenberg". So hieß Hemmerich etwa im 16. und 17. Jahrhundert "auf dem Hommerich" (= auf dem hohen Berg).

1885 bemerkte der Hemmericher Pfarrer Maaßen, daß der zwischen Kardorf und Hemmerich "nach Osten geneigte Abhang bis 1848 mit Weingärten bedeckt war. Ungünstige Weinjahre hatten die gute Folge, daß die Weinstöcke den Obstbäumen und Gemüsepflanzungen das Feld räumten, welche reichern und regelmäßigern Ertrag liefern."

Der Sekt, von dem wir leider keine nähere Kenntnis haben, war aus der Not geboren worden, denn der zugrunde liegende saure Weißwein ließ nur zwei Möglichkeiten zu: Entweder verarbeitete man ihn zu Essig oder man trat die Flucht nach vorne an und wertete ihn als trockenen Schaumwein auf. Um die Existenz des "schäumenden Hembergers" wissen wir nur aus einer kleinen unveröffentlichten Schrift von Giesela Freifrau von Diergardt geb. Freiin von Nordeck zu Nordeck (auf Burg Hemmerich), die über ihn stichwortartig in einem Abriß über die Geschichte der Burg Hemmerich berichtete (um 1955; Burgarchiv Hemmerich). Dieser Sekt wurde vor allem in den umliegenden Gaststätten feilgeboten und hat nie eine überörtliche Bedeutung erlangen können. Über eine eventuelle Sektproduktion in anderen Vorgebirgsdörfern ist bisher nichts bekannt. Indessen läßt uns eine Notiz im "Rheinischen Wanderbuch" (1897) aufhorchen, in dem Karl Kollmann mitteilt, daß man im Vorgebirge gegen Ende des 19. Jahrhunderts vereinzelt angefangen habe, auch die "Johannes- und Stachelbeeren zur Weinbereitung zu keltern, und zwar mit dem besten Erfolge. Unter reichlichem Zusatz von Zucker liefern sie ein süßes, mildes Getränk von prickelndem, sektartigem Geschmack oder von schwerer, an Südweine erinnernder Beschaffenheit, von dem die Flasche an Ort und Stelle mit etwa 1 bis 2 Mark bezahlt wird." Diese oft stark alkoholischen Obstsäfte waren zum Beispiel in Alfter unter dem dialektalen Namen "Aleftere Schümeling" (Alfterer Schäumling) bekannt. Der Volksmund wußte einst: "Dä Aleftere Schümeling, dat ös ene joode Wing!"

Vorgebirgsreben am Kap der Guten Hoffnung

Im bereits erwähnten "Begleiter der Cöln-Bonner Eisenbahn" aus dem Jahr 1844 konnte der damalige Reisende folgendes erfahren: "Für Freunde des Weinbaus mag die Bemerkung nicht ganz ohne Interesse sein, dass die Holländer im Jahre 1730 Reben von unserem Vorgebirge am Vorgebirge der guten Hoffnung anpflanzten, die unter der glühenden Sonne der dortigen Gegend den herrlichen Capwein bringen." Die Reben stammten aus Alfter, Bornheim und Waldorf. Am 1486 entdeckten südafrikanischen Kap der Guten Hoffnung gedeiht also ein Wein, dessen Reben aus dem Vorgebirge stammten. Daß es gerade niederländische Seefahrer, Kaufleute und Bauern waren, die den Vorgebirgsrotwein nach Afrika verpflanzten, erklärt sich dadurch, daß ein Teil der hiesigen Weinernte traditionell auf dem Schiffsweg nach Holland transportiert wurde. Von hier aus wurden wiederum etliche Fässer dieses Weines weiter nach England befördert. Da den Holländern der Vorgebirgswein hervorragend mundete, bezogen sie im gesamten Mittelabschnitt des Vorgebirges Rebschößlinge, die sie dann nach Südafrika brachten. Die Qualität des heutigen Kapweins ist den dortigen guten Bodenverhältnissen, den ausgezeichneten klimatischen Bedingungen sowie nicht zuletzt den ursprünglich aus dem Vorgebirge stammenden Reben zu verdanken!

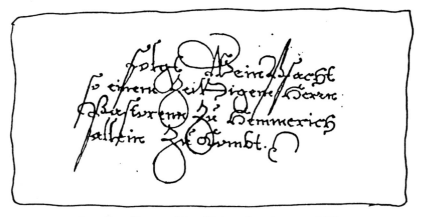

Aus einem Hemmericher Weinpachtregister um 1650:

"folgt Weinpfacht so einem zeithigen Herrn Pastoren zue Hemmerich allein zukombt."

Dieser Eintrag stammt aus der Feder von Pastor Christophorus Hilgers, der von 1632 bis 1664 an der Sankt-Aegidius-Kirche zu Hemmerich wirkte.

Aus dem Jahr 1736 wissen wir aufgrund einer entsprechenden Zollrechnung, daß der Amsterdamer Kaufmann Joos Adriaans von Köln aus mit zwei Schiffen zusammen 26 Fuder Rotwein aus dem Vorgebirge in seine Heimat brachte. Die Füllmenge für ein Fuder Wein schwankt heute zwischen tausend Liter (Mosel) und tausendzweihundert Liter (Rhein). Die damalige Füllmenge betrug annähernd die gleichen Werte. 26 Fuder sind demnach auch heute noch eine beachtliche Menge. - 1457 lagerten in den Kellern der Kölner Kartause, die den größten Teil ihres Weines aus dem Vorgebirge bezog, angeblich 30 Fuder Wein!

Nach einem Wort des Kölner Sprachwissenschaftlers und Volkskundlers Adam Wrede war Köln das "Weinhaus der Hanse". Köln galt nach Bordeaux in Frankreich als der größte Weinmarkt nördlich der Alpen. Dazu lese man von Karlheinz Ossendorf die zweibändige Darstellung *'Sancta Colonia' als Weinhaus der Hanse / Köln als Zentrum des Weinhandels im Mittelalter* (Schriften zur Weingeschichte Nr. 116, 118), Wiesbaden 1996.

Die drei Rankenberge

Der auf den Weinbau bezogene Flurname "Rankenberg" ist im Vorgebirge gleich dreimal vorhanden, nämlich als Name eines früheren Rebgeländes zwischen Dersdorf und Brenig (mit dem dazugehörigen "Haus Rankenberg", einem neobarocken Schlößchen der Familie von Kempis aus dem Jahr 1898), als Name eines Kardorfer Weinbergs sowie als Gemarkungsbezeichnung für ein früheres Weinberggelände in Trippelsdorf.

Schauen wir uns zunächst in Trippelsdorf um: In einem für diesen zu Merten gehörenden Ort 1669 erstellten Weinpachtregister wird ein "Jacob uff dem Ranckenberg" als ehemaliger Pächter eines Viertel Weingartens genannt, das jetzt (also 1669) sein Sohn "Jan Ranckenbergs" bewirtschafte. Diese spärlichen Angaben sind in zweifacher Hinsicht von Bedeutung. Erstens haben wir einen deutlichen Beleg für die damalige Weinlage Rankenberg, zweitens zeigt dieses Beispiel, wie sich noch im 17. Jahrhundert Flur- oder Geländebezeichnungen zu Familiennamen entwickelten. Noch heute ist der Familienname Rankenberg im Vorgebirge als bodenständiger Herkunftsname nachweisbar. Allein ein Blick ins Telefonbuch genügt zur Bestätigung dieser Angabe. Historisch ist dieser Familienname beispielsweise oft in den Akten und Urkunden des Burgarchivs Rösberg belegt. - Der Trippelsdorfer Rankenberg wurde schon 1608 in einem Mertener Kirchenbuch erwähnt, mit der Angabe "Trin aufm ranckenbergh".

In alten Akten und einem Rentbuch der Kirche zu Hemmerich aus der Mitte des 17. Jahrhunderts wird der im Kardorfer Gemarkungsbereich nach Hemmerich zu sich erstreckende Rankenberg häufig als Lage von Weinbergparzellen genannt. Der früheste Beleg findet sich am Ende des 14. Jahrhunderts. Hier wuchsen Reben "im Lömer", "auf dem Vendel", "im Plentz" und "im Belzer". Eine besondere Bedeutung erhält dieser Rankenberg mit

Bezug auf Bernhard Eisenkrämers Armenstiftung, die im Zusammenhang mit einer Dotation der althergebrachten Hemmericher Hagelfeierprozession (also einer Prozession zur Abwendung von Hagel- und Gewitterschäden) zu sehen ist. Diese noch heute am vierten Sonntag nach Ostern abgehaltene Flurprozession war für die sog. "Hausarmen" ein wichtiges Ereignis, da sie an diesem Tag eine Brotspende erhielten. In einem vom Hemmericher Pastor Christophorus Hilgers (von 1632 bis 1664 hier amtierend) angelegten Abgabenbuch der Pfarrei Sankt Aegidius ist diese Stiftung dokumentiert: "Anno 1648 den 20 May haben Peter Bley Voigt des Dingstuls Waldorff in bey sein des Pastoren zu Hemmerich zu behuß der Haußarmen zu Hemmerich ein Häußgen auffm Ranckenberg gelegen, herkommend von brent modo Bernardt Eißenkrämer, nemblich vor dreißighacht thaler colnisch verkaufft." Ursprünglich gehörte das für 38 kölnische Thaler veräußerte Haus also der Familie von Brent (zu Lommersum bzw. Vernich), die in Waldorf (hier besonders im Ortsteil Üllekoven), in Kardorf sowie in Hemmerich begütert war. Die nach ihr benannte "Brenter Maar" im Hemmericher Wald (1670: "Brempter mahr") wurde in Unkenntnis der Bedeutung dieser Bezeichnung zu Beginn der zwanziger Jahre des vorigen Jahrhunderts von einem preußischen Katasterbeamten völlig willkürlich in "verbrannte Maar" umgetauft. Dieser etymologisch völlig falsche Name findet sich noch auf heutigen Katasterkarten!

In einer detaillierten Beschreibung des "Kardorper Weingartsguths" des Klosters Maria in den Benden (kurz: Kloster Benden) zu Brühl-Kierberg aus dem Jahr 1705 wird u.a. der "Ranggenbergh" genannt: "Bey dießem guth seyndt zwey häuser gewesen, nemblig eines, da der weingartner einwohnet, und eines hat gestanden auf dem bongart nächst bey des weingartners haus und ist genant worden das Raaben heusgen; ist ein lehngütgen gewesen und hat das closter davon bekommen einen reichsthaler und 1 hoen (Huhn) jahrligs. Nun ist dieß Raaben heußgen gantz bawfallig worden und endtlich 1698 über ein hauffen gefallen, welches mit zusehung des closters geschehen, weilen der weingärtner sich verobliget (sich verpflichtet), von der platzen des hauses dem closter den reichsthaler jahrligs tzu geben wie auch das hoen." - Über das Bendener Weingut in Kardorf wird noch ausführlich zu berichten sein.

Über den Dersdorf-Breniger Rankenberg ist eine Fülle aufschlußreicher Einzelheiten überliefert, die sich vielfach auf den hier einst betriebenen Weinbau beziehen.

Geteilt wird der Rankenberg durch eine heute lebhaft befahrene Straße, die sich den Vorgebirgshang hochzieht und auf der gelegentlich schwere Autounfälle und Traktorenunglücke zu beklagen sind. Vom barocken Hellenkreuz (einer früheren Fußfallstation) steigt die zunächst "Hellenkreuzweg" und ab dem malerischen Haus Rankenberg der Familie von Kempis "Rankenberg" genannte Straße in Richtung Brenig und Bisdorf. Auf der Breniger Seite dieser Straße erhebt sich als barockes Schlößchen Haus Rankenberg, das noch bis zu Beginn der 30er Jahre zu Dersdorf gezählt wurde. Auf der gegenüberliegenden Seite erstreckt sich der Dersdorfer Rankenberg, auf dem einst einige kleine Weingütchen lagen. Von Dersdorf aus führt eine schmale Straße (früher ein Teil der ehemaligen Pützgasse, dann Rankenbergsweg, jetzt Waldorfer Weg) genau auf die Zufahrt von Haus Rankenberg zu. Das Schloß bezeichnet durch seine Lage am halben Hang des Vorgebirges eine frühere akten- und urkundenmäßig hervorragend dokumentierte Hofstelle, der auf der Dersdorfer Seite möglicherweise ein Weingut der auf Burg Dersdorf ansässigen Familie von Ilem gegenüberlag.

Bereits um 1350 wird die "Rankenbergsgaße" im Weistum des Breniger Apostelhofs erwähnt. 1405 wird der Breniger Vogt Zander (= Alexander) zu Ranckenbergh genannt. Seit 1467 war Gut Rankenberg ein Unterlehen der Herrschaft Bornheim. 1671 gehörten zum Hof Rankenberg knapp sechs Morgen Wingerte. Einer Beschreibung aus dem Jahr 1736 zufolge gehörte zu dem Gut ein eigenes Kelterhaus. Drei Morgen an zehntfreien Weingärten standen damals drei Viertel zehntpflichtige Wingerte zur Seite. Es werden auch zwei Viertel "Drieschweingarten" aufgelistet; das waren vernachlässigte, verwilderte Rebstücke.

Von einem Morgen Weingarten auf dem Rankenberg "langs die Königsstraß" hatte der Bornheimer Burgherr ein Ohm Wein an die Pfarrkirche zu Brenig zu entrichten. Diese jährlich zu leistende Abgabe war ein Deputat, das wahrscheinlich auf einem alten Gewohnheitsrecht beruhte. Die Königstraße zog sich - von Bornheim her kommend - früher den ganzen Rankenberg hoch, und zwar bis zur Einmündung des Heerwegs auf dem Kamm des Vorgebirges. Von dem Ohm Wein (160 Liter) bezog der Breniger Pastor für sich selbst die Hälfte; die übrigen 80 Liter wurden als Meßwein verwendet. - Mehrfach noch wechselten die Besitzer des Rankenberggutes, das schließlich 1860 in den Besitz des rheinischen Adelsgeschlechts derer von Kempis überging. In jenem Jahr nämlich erwarb Philipp von Kempis (1794 bis 1876), der im Gemeindegebiet von Bornheim große Waldungen sein eigen nannte und der 1852 den auf der Hochfläche des Vorgebirges gelegenen Römerhof hatte erneuern lassen, das traditionsreiche Gut, das 1898 durch einen neobarocken Schloßbau sein heutiges Aussehen erhielt.

Etliche Parzellen auf dem Brenig-Dersdorfer Rankenberg wiesen noch im 19. Jahrhundert Namen auf, die auf den in diesem Bereich jahrhundertelang betriebenen Weinbau Bezug nehmen: "In den Küppen" (1398; dort, wo die

Reben gekappt bzw. "kupiert" wurden, um sie anschließend zu "possen"), "der Botter Weingart" (ursprünglich ein Wingert des Bornheimer Gerichtsboten, der als "Bott" bezeichnet wurde), die "junge Flachten", die "alde Flachten" (1596), "im roten Viertel", "im weißen Viertel" usw. Hinzu traten merkwürdige Bezeichnungen wie "Magen Idtge", "Pilatus", "der Nachtengaell", "an der Birren" / "in Berren", "Pfeifer" / "Pfeffer", "der Zinnengießer", "das Garden Viertel", "der Stump", "die Berg Pintt", "im Zimet", "der Zwilling", "das kentig Firdel". Ein wahrhaft paradiesischer Flurname lautete 1466 "im deme wingart gnant dat Paradeiß". Überhaupt waren im Vorgebirge biblische Wingertnamen beliebt. Dem bereits erwähnten "Pilatus" sind noch "der Daniel", "der Nikolaus" und "der Engel" (alle aus der ehemaligen Herrlichkeit Bornheim) zur Seite zu stellen. In Urfeld lag ein Weingarten, der 1582 als "am heiligen Geist" bezeichnet wird.

Über die auf dem Rankenberg gelegene "Pauß" wird wegen der besonderen Bedeutung dieses Wingerts und dessen Bezeichnung im folgenden Kapitel gesondert berichtet. Das gilt auch entsprechend für die "Profflachten zu Derstorpff".

Andere in der Nähe des Dersdorfer Rankenbergs gelegene Rebparzellen hießen z.B. "das Schintgen", "der Hackenberger", "an den krommen drey Pinten" (ein Pint = 1/16 Morgen), "das Gassen-Viertel", "die Banngaß", "der Schillinck", "an dem Kautz" (alle belegt im Jahr 1576). Schon 1398 erfahren wir von einem Weingarten in den Küppen (s.o.), mit der Angabe: "By der Kirchen van Zustern Wyngart." Hier nannte also das Stift Sankt Salvator in Susteren (Niederlande) Rebparzellen sein eigen. Nicht weit von hier lag auch "Unser lieben Frawen Wingert" (um 1580). Dieser Name bezog sich auf einen Weingarten, der dem Kölner Kloster "Sankt Maria ad Gradus" gehörte und der stets in Halbpacht vergeben war.

Daß die Bezeichnung "Rankenberg" unmittelbar mit dem Weinbau verknüpft ist, braucht nicht eigens erläutert zu werden. Was aber hat es mit diesem Namen genau auf sich? Der auch beispielsweise in Bonn-Dottendorf in den Jahren 1625 und 1686 nachgewiesene Flurname bezieht sich auf eine besondere Art der Rebenführung. Die Reben rankten sich nämlich um sog. Donnenspaliere. Anschaulich beschrieb Norbert Zerlett 1959 diese Art des Weinbaus: "Die Breniger und Dersdorfer zogen die Reben auf den ausgedehnten fruchtbaren Flächen unter dem Rankenberg im Kammerbau. Dazu wurden Spaliere durch quergelegte Stangen miteinander verbunden, so daß Laubengänge entstanden. Die so gezüchteten Reben lieferten zwar große Ertragsmengen, aber mindere Qualität, da die meisten Trauben unter dem Blattwerk im Schatten reiften." Der Breniger Flurname "in der Cammerzahl" (1750) weist ebenso wie die Alfterer Flurbezeichnung "an der Kemmertsgasse" (Flur 39) noch auf den ehemaligen Kammerbau in der hiesigen Gegend hin, und der ebenfalls in Brenig nachgewiesene Flurname "in denen ruden Dönnen" (1694) deutet auf die erwähnten Donnenspaliere, um die sich in diesem Fall Reben zur Herstellung von Rotwein rankten. Für Rösberg ist 1614 "der Donnen Wingart" nachgewiesen, und in Bornheim hieß es beispielsweise 1701 "an der Langerdönnen" (Fluren 42 bis 44). In einer Anbauerhebung für Wein in der ehemaligen Bürgermeisterei Sechtem für das Jahr 1842 werden 78 Winzer erwähnt, von denen genau 29 ihren Wein im "Donnenwerk" zogen. Die alte Bürgermeisterei Sechtem umfaßte die Ortschaften Sechtem, Merten (mit Trippelsdorf), Rösberg und Walberberg. - Mit dem Winzerterminus "Donne(n)" ist ein Begriff aus der deutschen Jägersprache verwandt, nämlich die Bezeichnung "Dohne", die sich nach Ausweis sprachwissenschaftlicher Spezialwörterbücher aus dem althochdeutschen Wort "dona" in der Bedeutung "Schlinge" herleitet. Heute meinen die Nimrode mit diesem Fachwort eine Schlinge oder einen Sprenkel zum Vogelfang, eine Sache, die in Deutschland aufgrund der hiesigen sehr strengen Jagdgesetzgebung natürlich längst verboten ist.

Ein im Vorgebirge einst geläufiger Winzerspruch lautete mit Blick auf den Kammerbau: "Ahn denne Dönne waahße Druuve, wieße on ruude. On sen die Dönne schwer on hatt, jitt et Wing jenooch un satt" (an den Donnen wachsen Trauben, weiße und rote. Und sind die Donnen schwer und hart, gibt es Wein genug und satt).

Der 1398 für Kardorf und Waldorf belegte Flurname "in der donowen", 1577 "an der Donau", verweist keineswegs auf den bekannten Fluß, sondern läßt sich über die Variante "an der Donnen-Au" als Bezeichnung eines Weingartens deuten, dessen Donnenspaliere am Kardorfer Bach "in der Aue" standen. Auf den Donnenweinbau bezogene Flurnamen finden sich auch beispielsweise im Siebengebirge und dessen Ausläufern, so etwa in Küdinghoven (Flur 32/4): "Auf der Donne" (belegt 1824), sowie in anderen deutschen Weinbaugebieten. Gelegentlich treten verballhornte Varianten vom Typ "Tonne", "Donner" u.ä. auf, die vor allem in Wortzusammensetzungen Verwirrung stiften können. Die 1654 belegte Kardorfer Flurbezeichnung "Tonnenberger Hostert" bezieht sich weder auf eine "Tonne" im Sinne von "Faß" noch auf den Donnenbau, sondern auf einen Weingarten, der zum damaligen Tomberger Hof gehörte. Eine Variante dazu lautete noch im selben Jahr "Thumberger Hostert".

Gestickt, geprofft, gepaußt

Hier gilt es, auf drei Begriffe einzugehen, die für den einstigen Weinbau im Vorgebirge eine große Bedeutung aufwiesen.

Heute ist in der hiesigen Landwirtschaft das "Sticken" der Bohnen eine typische Tätigkeit der Bauern. Mit einem schweren, nach unten zu sich verjüngenden Eisensticker, der mit Schwung in die Erde geschlagen wird, versucht man, möglichst mit nur wenigen Schlägen ein so tiefes Loch zu machen, daß die Bohnenstangen einen festen Halt finden können.

Das Sticken hatte aber auch eine Beziehung zum Weinbau. Etwa bei Neuanlagen von Rebkulturen wurden ungefähr seit dem 17. Jahrhundert "gestickte" Rebstöcke bevorzugt: "Die vorgezogenen und gut bewurzelten Setzlinge wurden in die vorher kräftig gedüngten und doppelt tief umgegrabenen 'Flächten' verpflanzt. Flurnamen 'Auf dem Sticker' erinnern an diese Kulturen" (Zerlett, 1959). Aus der Fülle der Gemarkungsbezeichnungen seien drei herausgegriffen: "Auf dem Stickling langs den Fendel" (Hemmerich, 1660), "im Stickling" (Sechtem, 1719), "an dem Steckeling" (Waldorf, 1785).

*

Als gutes Getränk galt der sog. Proffwein: "Vom Mutterstock wurde ein zweijähriger 'Lodde' (=Zweig) ein Meter entfernt und einige 'Ooge' (=Knospenansätze) tief in die Erde gesenkt. Der auf diese Weise gezüchtete neue Stock wurde erst nach einigen Jahren vom Mutterstock getrennt, den man selbst durch diesen sehr schwächte" (Zerlett). Die Ranke blieb also solange mit der Mutterrebe verbunden, bis sie selbst kräftige Wurzeln hervorgebracht hatte. Mit einer solchen fortwährenden Verjüngung hatte ein Wingert natürlich sehr lange Bestand. Während die Proffwingerte bei den Kleinwinzern äußerst beliebt waren, kam es seitens der Grundherrschaften und des Kölner Kurfürsten gelegentlich zu Einschränkungen und meist nicht beachteten Verboten, da "diese ewigen Weingärten die ständigen Herde für alle Seuchen und Schädlinge waren" (Dietz / Zerlett 1967).

Jedes Vorgebirgsdorf hatte zumindest einen oder gar mehrere Proffwingerte. Aus der großen Fülle der dokumentierten Flurnamen greifen wir folgende heraus: 1353 heißt es für Waldorf "in der Proffen, an der Proffgasse". Ein weiterer Beleg lautet für 1464 "im Proffen". Im Waldorfer Ortsteil Üllekoven lag das "Proffenstück lanx die Ullinkhover Gaß" (1640). 1780 wird "die Profflachten zu Dersdorf gegen Waldorf zu" erwähnt. In Brenig lag ein kleiner Proffweingarten, der 1437 mit der Angabe "bovven dem prüffgen" nachzuweisen ist. 1633 erfahren wir von der "Proffen" zu Gielsdorf. Flur 3 zu

Roisdorf ist auf heutigen Katasterkarten noch als "auf der Proffläche" ausgewiesen. Das Bornheimer "Pröffchen" liegt in Flur 29. Die hiesige "Profflachten" findet 1490 ihre erste urkundliche bzw. aktenmäßige Erwähnung. Neben der Rösberger Proffgasse, die von Merten her kommend steil bergan steigt, lag ein Weingarten "in der Proffen", der 1360 und 1406 belegt ist. - "Bereits vor dem Jahre 1484 besaß die Familie 'Winckers', deren Name, wie auch der bereits um 1449 in Oedekoven auftretende Familienname 'Wyndor' (= lat. Weingärtner), auf den Weinbau hinwies, einen Pint großen Weingarten 'IN DER PROFFEN' in der Gemarkung Oedekoven. Im Jahre 1669 hatte Göddert Dubbelman 1 Viertel Weingarten von den Herren von St. Johann und Cordula 'IN DER PROFFEN' gepachtet, welcher 1684 von Henrich Häuser und anschließend bis zum Jahre 1701 von Johannes Kreins und Matthias Lommersum bearbeitet wurde" (Thomas, Oedekoven, 1979).

Familiennamen wie Proff, Proffen, Sticker, Stickler, Stecker usw. deuten auf ihre Art noch auf die hier skizzierten besonderen Aspekte des früheren Weinbaus. Das gilt auch für die Familiennamen vom Typ Poßmann, Pusakker, Busacker oder Baus, die im Raum Bonn, vor allem im Vorgebirge, noch mehrfach vorhanden sind.

*

Wenden wir uns nun dem dritten Begriff zu, den die Kapitelüberschrift nennt: Auf der Dersdorfer Seite des Rankenbergs liegt auf einer sanften Kuppe am halben Hang die sog. "Pauß", die auf heutigen Katasterkarten mit diesem Namen eingezeichnet ist. Die frühere Rebfläche wurde später zum Obstgarten, dann wurde dieser in Gemüseland umgewandelt, und heute grasen dort auf einer Koppel Pferde. Bis vor wenigen Jahren wurde hier traditionell das Dersdorfer Martinsfeuer abgebrannt. - 1576 heißt es "im Flechtgen genandt die Bauß". In der Nähe des Trippelsdorfer Holzweges ist 1525 "dat Puysgen" belegt. Auch oberhalb von Roisdorf heißt eine Flur "in der Pauß". Für Grau-Rheindorf (Bonn) ist 1625 die Bezeichnung "aufm Pausacker" belegt.

Der im Vorgebirge verhältnismäßig häufig anzutreffende Familienname "Busacker" leitet sich von dieser Wingertbezeichnung ab. So finden wir schon in einem Rechnungsbuch der Pfarrei Sankt Martinus zu Merten bezogen auf das Jahr 1697 den Namen Peter Pauschacker. Auf einer Pauß wurden Rebschößlinge fremder Herkunft oder neue Rebsorten solange vorgezogen, bis man sie zum Anlegen eines "jungen" Weingartens verwenden konnte. Hier lag also eine Art Rebschule, die einem besonders dafür zuständigen Weingärtner anvertraut war. So erfahren wir um 1650 von "dem jesuiteren Weingartner im altenbergh nechst Kardorpf gelegen und ist ein

Paußmann." Den dereinst im Kloster von Walberberg lebenden Jesuiten lag der örtliche Weinbau sehr am Herzen. So wird auch ihr in Dersdorf gelegener "Feldhof" mehrfach ausdrücklich als "Weingartshoff" erwähnt. Zu diesem Hof gehörte zeitweise die erwähnte Pauß auf dem Rankenberg. - Das Substantiv "Pauß" ist mit dem Verb "possen" in der Bedeutung "propfen, veredeln" verwandt. Die Paußwingerte waren durch Hecken und befestigte Raine besonders gesichert. Wichtig war, die hier heranzuzüchtenden jungen Rebkulturen vor Verbißschäden durch Kleinwild zu schützen. Das Betreten der Paußwingerte durch Unbefugte war verboten; deshalb waren sie oft durch Strohwische, die heute noch gelegentlich im Vorgebirge als bäuerliche Verbotszeichen verwendet werden, gekennzeichnet.

In den heutigen deutschen Weinbaugebieten ist der hier beleuchtete Flurname in etlichen Varianten häufig anzutreffen. - Bedeutungsmäßig verwandt mit diesem Namen ist die Wingertbezeichnung "Plentzer", "Plenter" oder "Plenz" u.ä. Im Moselromanischen sind nach Wolfgang Jungandreas derartige Namen seit 1220 bezeugt. Auch im Vorgebirge sind sie nachweisbar. Um 1500 lautet eine zwischen Kardorf und Hemmerich gelegene Rebfläche "up dem plentzer, scheußt up den Caßelbergh". Die Mertener Wingertbezeichnung "ploentz" ist schon 1375 belegt. Verwandt ist hiermit die 1824 in der Küdinghovener Flur 32/4 (Stadtbezirk Bonn-Beuel) nachzuweisende Form "am Plenzer". Gemeint sind mit diesen Namen neuangelegte Weingärten zur Züchtung von Reben, also sog. Rebschulen, für die auch der Flurname "Gesetz" verwendet wurde und wird: "Und ligt in unsem gesetz, allhier 6 Pint Weingarz an dem thorn" (gemeint ist ein 1641 erwähnter Weingarten unterhalb des Walberberger "Hexenturms", der hier in der Form "thorn" genannt wird). - Über die Ende des 19. Jahrhunderts angelegte Gielsdorfer Rebschule wird weiter unten berichtet.

Rahmen (Röhm) und "Bichröhm": Interessantes und Kurioses von den Weinbergpfählen

"Beluhr de ens dä Rahme doh! Nä, wat ös dat ene schmale Rohm!" - So kann man es gelegentlich hin und wieder noch in der lebhaften Mundart des Vorgebirges aus dem Munde älterer Leute vernehmen. Was ist gemeint? Übersetzt heißt unser Zitat etwa so: "Schau dir einmal diesen dünnen Kerl an! Also nein, was ist das für ein schlanker Bursche!" Heute noch spricht der Vorgebirgsbauer von seinen

"Bonnejeäteröhm" und meint damit seine Bohnenstangen, die er zumeist zu einem "Bärm" (Bonnejeätebärm) aufgeschichtet hat, der im Vorgebirge zwei Formen kennt, nämlich die Querlagerung und die kegelfömig-zeltartige Aufstellung.

Für den einstigen Weinbau am Vorgebirge spielten die Rahmen oder Röhm eine sogar im Bereich der Volkskunde zu beobachtende Rolle, über die folgendes zu berichten ist:

Was ist ein "Rohmplätzje"? Es handelt sich jedenfalls nicht um ein besonderes Kuchenteilchen oder ein schmackhaftes Plätzchen, wie es Bäcker und Konditoren feilbieten. Gemeint ist etwas völlig anderes, nämlich eine bestimmte Stelle, ein Ort, ein kleiner Platz, an dem Weinbergpfähle gestapelt, hergerichtet, gespitzt und aufbewahrt wurden. Das bekannteste "Rohmplätzje" im gesamten Vorgebirge ist zweifellos dasjenige von Brenig, das durch eine der 14 von Bornheim nach Brenig führenden vier Meter hohen Kreuzwegstationen aus dem Jahr 1863 gekennzeichnet wird, die damals nach den Plänen des Kreisbaumeisters Paul Thomann errichtet wurden. Einen großen Teil dieses historischen und volkskundlich bedeutsamen Stationenwegs säumten damals noch einige wenige Weingärten. Nach den Plänen Thomanns wurden 1866 übrigens zeitgleich die Bornheimer Synagoge sowie die dortigen Kirchen für die Katholiken und Protestanten erbaut. Am Breniger Rohmplät-

Ehemalige Wingerte unterhalb der 1895 abgebrochenen Evergislus-Kirche zu Brenig (Neubau der Kirche: 1896).

zje, dem Ort der späteren 12. Kreuzwegstation, war 1754 sogar einmal ein Glockenguß für die Pfarrkirche Sankt Evergislus erfolgt. Es war die größte Glocke des gesamten Vorgebirges. Von hier aus kann man einen herrlichen Blick auf die Köln-Bonner Tiefebene, das Bergische Land und das Siebengebirge genießen. - Ein weiteres Rohmplätzje befand sich unterhalb des 1934 abgebrochenen Frankengutes in Bornheim-Botzdorf.

Beim Altenberger Hof lag auf Kardorf zu die in einigen Akten ab 1697 so bezeichnete "Rahmenbitze".

Einem Pachtvertrag des Kölner Klosters Sankt Pantaleon vom 13. Februar 1484, das seit dem Mittelalter den Badorfer Abtshof sein eigen nannte, ist zu entnehmen, daß der Pächter Thönis, Sohn des Wilhelm Offermanns, "ein vyrdel ramen zu wyngart der heren zo Badorp uyß dem busch up syn kost" zu liefern hätte (Herbert Kerz, 1997).

In alten Kaufverträgen wurden die Wingerte immer mit den zugehörigen "Buschen" bzw. "Rahmbuschen" aufgeführt. Dazu N. Zerlett (1959): "Als Einheit wurden Weinberge und Busch immer zusammen verpachtet und verkauft. Beide waren nach altem Gewohnheitsrecht durch die sogenannte 'Battung' fest miteinander verbunden. Der Bornheimer Gerichtsschreiber Mayer richtete am 19. 9. 1743 wegen Bruchs der Battung eine heftige Beschwerde an die Bonner Hofkammer. Das zu Dersdorf gelegene Weingut des Kölner Advokaten Dr. Strunck sollte zwangsversteigert werden. Während die Weingärten von diesem Besitz in der Herrlichkeit Bornheim lagen, befanden sich die dazugehörigen Büsche jenseits der Banngrenze im Waldorfer Walde. Die Scheffen vom Waldorfer Dingstuhl wollten die Büsche in einem besonderen Termin versteigern, um sie auf diese Weise von den Weingärten zu trennen. Dadurch wären die Weingärten entwertet und hernach billig zu kaufen gewesen. Sie hatten die Versteigerung der Büsche verfrüht, auf den 24. 9. 1743 anberaumt. Der Gerichtsschreiber wies auf die alte Gewohnheit hin, nach der zu jedem Weingarten ein Busch gehören müsse, schilderte die zu erwartenden Schäden und bat um obrigkeitlichen Schutz. Dieser wurde gewährt. Die Kammer entschied, daß weder in Waldorf noch in Bornheim getrennt versteigert werden dürfe und setzte einen gemeinsamen Versteigerungstermin am 23. 10. 1743 auf dem Bisemer Hof (Bisdorfer-Hof) der Kölner Kartäuser fest. Hofpächter war damals Joan Schallenberg. Diese Entscheidung beweist, daß noch im 18. Jahrhundert auf den Fortbestand der Battung streng geachtet wurde." Der Begriff der "Battung" ist u.a. verwandt mit dem französischen Wort "battre" (schlagen), zu lateinisch "battuere", und meint das zu schlagende, das zu fällende Holz für die Anlage von Weingärten.

In einem Pachtvertrag vom 18. Januar 1753 zwischen dem Rösberger Burgherrn Ferdinand Joseph Freiherrn von Weichs (1695 bis 1765) und dem Ackerer Peter Bursch (1706 bis 1781), der sich auf das ehemalige Üllekovener Weingütchen derer von Weichs bezieht, das heute noch in hervorragend renoviertem Zustand dem Üllekovener Heiligenhäuschen gegenübersteht, wird unter anderem festgelegt, daß der Pächter und seine Frau sich verpflichten, die Rahmen im Bedarfsfalle aus eigenen Mitteln zu beschaffen und zwei bis drei Fuhren dieser Stöcke nach Köln, Bonn oder anderswo auszuliefern. Außerdem mußte das Pächterehepaar die Hälfte der Weinernte in Trauben oder Wirtz dem Besitzer nach Rösberg auf die Burg liefern. - Die früheren Pachtverträge nennen immer wieder die mit den Rahmbüschen verbundenen Auflagen. Ja, gelegentlich mußte sogar eine eigene Holzordnung veröffentlicht werden, da die Winzer nicht selten die "herrschaftlichen" Rahmbüsche aufsuchten, um dort heimlich für den Nachschub von Rebpflöcken zu sorgen. Der eben erwähnte Baron von Weichs sah sich 1732 zu einer derartigen Verordnung gezwungen, deren Befolgung durch einen vereidigten Buschhüter bzw. Flurschütz überwacht werden sollte. Nicht nur an den zwei offiziell angesetzten "Buschtagen" sollte Flurhüter Johann Pütz die Rahm- und anderen Büsche inspizieren, sondern auch an allen anderen Tagen! In Rösberg, aber auch in anderen Ortschaften des Vorgebirges, ging offensichtlich der Rahmenklau um.

Aus der seit dem Jahr 1355 dokumentierten Geschichte des 1972 abgerissenen Roisdorfer Clarenhofes, eines Weingutes, das sich bis zur Säkularisation im Besitz des Kölner Klarissenklosters befand, wissen wir auch um die Bedeutung der Weinbergpfähle. Einem Pachtvertrag aus dem Jahr 1599 ist zu entnehmen, daß das Pächterehepaar Hermann und Catharina jährlich die Hälfte seiner Weinernte dem Kloster abzuliefern hatte. Darüber hinaus bestand die Verpflichtung, jedes Jahr zwei Wagenladungen Weinbergpfähle nach Köln sowie 16 Bund Rahmen nach Bonn zu liefern, denn auch in Bonn nannten die Kölner Klarissen Wingerte ihr eigen. - Dem 1795 ausgefertigten Pachtvertrag dieses Klosters mit dem Halbwinner Jüssen zufolge mußte dieser unter anderem an Pacht alle Jahre 2000 Weinbergpfähle liefern.

Im Winter wurden in den hiesigen Waldungen pro Morgen etwa eintausend Weinbergpfähle gehauen, geschält und "gewetzt" (angespitzt). Für 400 gehauene Rahmen gab es im 18. Jahrhundert einen Schlaglohn von 8 Albus. Außerdem durfte sich jeder der Holzhauer am Abend vier Pfähle mit nach Hause nehmen: Das Weistum der Herrlichkeit Alfter von 1623 nennt unter Punkt 16 diese Vergünstigung, weist aber ausdrücklich darauf hin, daß es sich um "grüne" Rahmen handeln müsse. Im Bereich des Gewohnheitsrechts spielte die Zahl "Vier" in vielen Kulturen eine bedeutende Rolle. In seinem Buch *Mystik und Magie der Zahlen* (3. Aufl. Zürich 1951, S. 127) stellt F.C. Endres allgemein fest: "Überall, wo von Erde, Irdischem, Materiellem, Macht über die Erde, rechtlicher Einteilung des Bodens die Rede ist, finden wir die Heranziehung der Vier." - Im Bereich des Weinbaus am Vorgebirge begegnet uns die Vierzahl an anderer Stelle erneut, denn es war üblich, vor dem ersten Trunk des neuen Weines das erhobene Glas in alle vier Himmelsrichtungen zu halten und Gottes Segen für den neuen Wein zu erbitten.

In den meisten Pachtverträgen zwischen der jeweiligen Grundherrschaft und den Pächtern findet sich die Klausel, daß die Wingerte gut zu pflegen, zu düngen und zu misten seien. Schlechte Weinbergpfähle seien bei Bedarf durch neue Rahmen zu ersetzen. In einer am 8. September 1344 ausgestellten Urkunde des Klosters Benden, die von der Belehnung verschiedener Lehensnehmer in der Kardorf-Hemmericher Gemarkung mit Bezug auf eine Reihe von Weingärten berichtet, heißt es, daß bei nachlässiger Bestellung und Pflege dieser genau spezifizierten Wingerte (u.a. unterhalb der Burg zu "Hemberch" = Hemmerich sowie in der Kardorfer Flur "in dem Hoevele", heute: "in den Hüffeln") eine Einziehung derselben erfolgen werde, und zwar auf Grund eines richterlichen Spruchs von je drei Sachverständigen beider Parteien aus der Pfarrei ("Parochie") Hemmerich, unter Vorsitz des "Hunno" dortselbst. Der Hunno oder Honrio war der Vorsitzende eines Schöffengerichts. Die lateinisch verfaßte Urkunde nennt für die Vernachlässigung der Pflege der Weingärten den deutschen Begriff "abuwich". Mit dem heutigen Wort "Abweichung" läßt sich natürlich wenig anfangen. Damals indessen meinte dieser Begriff eine "abweichende", also schlechte und nachlässige Pflege der Rebkulturen.

Die Rahmbüsche galten als wertvoll und schützenswert, vor allem die langsam wachsenden Eichenbestände. Hin und wieder wurden diese Büsche ein Raub der Flammen. So hatte sich am 6. Mai 1719 im Distrikt "Die hundert Morgen" des Brühler Klosters Benden der "rote Hahn" auf die dortigen "Rahmhecken" geschwungen: "Anno hoc 6.ta May ist von des Altenberger halffen zu Dirmetzheimb seinem knecht und seinem tagelöhner ein fewr (Feuer) in diesen Hundert Morgen gestocht worden umb dabey zu schorhn; weilen nun gemelte leuth gehalten und geschlaffen und es lange zeit gar trucken wetter gewesen, hat das fewr den busch angestecket und 2 morgen rahmheggen in brand gerathen zum großen schaden des closters."

Im Jahr 1769 stellte der Rösberger Pfarrer Johann Wilhelm Müncks, der einen langwierigen Rechtsstreit mit Adolf Lieven aus Kardorf wegen einer durch diesen begangenen Grenzverletzung im Bereich benachbarter Feldgrundstücke austrug, fest: "Adolf Lieven hat alle jahr zwey tausend rahmen aus seinen buschen gehauen, folglich muß er mehrere buschen besitzen." Die Auseinandersetzung findet sich in einem Rösberger Kirchenbuch unter dem Titel "Streithandel beym officialat zu Cöllen wegen Buschlagen zwischen Herrn pastoren zu Roesberg und Adolph Lieven eingesessener deß dingstuhls Waldorff". Im Verlauf der juristischen Auseinandersetzung sollte sich sogar herausstellen, daß Lieven, der später den Hemmericher Lölgenshof (Ecke Pützgasse / Runkelsgasse, heute: Strombergstraße) anpachtete, aus des Pastors Büschen "viele rahmen hat ausgehauen".

Schlecht erging es den Winzern im südlichen Vorgebirge anno 1622, als nämlich der Bonner Gubernator Bremer sämtliche Rahmen der Weingärten und Weinberge sowie die Rahmbüsche der Weinbauern für eine Befestigung der Stadt Bonn beschlagnahmte. Dies war indessen kein Einzelfall, denn zu Schanzzwecken mußten die Vorgebirgswinzer noch manches Mal ihre Weinbergpfähle opfern!

Die Weinbergrahmen fanden sogar in einem alten und längst verklungenen Liedchen, das 1934 noch dem Michael Liebertz geläufig war, Eingang:

>Als ich Röhm drooch,
>als ich flooch,
>als ich Wing dronk,
>als ich song ...

Dieses von Norbert Zerlett aufgenommene Zitat heißt übersetzt: "Als ich Weinbergpfähle trug, als ich fluchte, als ich Wein trank, als ich sang..."

*

Zum Abschluß dieses Kapitels sollte das Thema "Bichröhm" nicht übergangen werden. Dazu schrieb Josef Dietz in seinem 1971 veröffentlichten *Bonner Bilderbogen*: "Als es am Vorgebirge und anderswo noch Weingärten gab, war es üblich, dem Herrn Pastor in der österlichen Zeit für seinen Wingert einige Weinbergpfähle oder 'Röhm' zu liefern. Man nannte diese eigenartigerweise 'Bichröhm'. In der Osterzeit beichtete nämlich jeder anständige Christ und brachte dann die Bichröhm, die an sich nichts mit der Beichte zu tun hatten, in den Pfarrhof. Später wurden die Röhm bei den Bauern abgeholt. Der hier genannte Brauch wird bereits im Jahre 1410 in einer Urkunde für Merten erwähnt." Dietz fügt seinem Bericht folgende schwankhafte Anekdote an: "Ein Mann ging beichten. Der Pastor fragte: »Habt Ihr am Freitag Fleisch gegessen?« — »Nä, nur Wuesch.« — »Wurst ist doch Fleisch!« — »Dat hann ich net jewoß!« sagte der Mann. Am anderen Tag brachte er dem Pastor eine paar 'dörne Schanzen' (=Bündel aus Dornen). Der Pastor sagte: »Das ist doch kein Holz!« — »Wenn Wuesch Fleesch es, dann senn Dörne Holz!« sagte der Mann."

Auf den früheren Brauch der Abgabe von sog. "Bichröhm" scheint sich der 1705 belegte Walberberger Flurname "der Beichter" zu beziehen, der sich in einer Beschreibung des "Walpurberger weingarts gut auff dem Schallenberg" findet, das dem Brühl-Kierberger Kloster Benden gehörte, von dem in dieser Arbeit des öfteren die Rede ist. - Die Pastöre der Vorgebirgspfarreien nannten übrigens nahezu alle in früheren Jahrhunderten Weingärten ihr eigen, was man noch heute an den diesbezüglichen Flurnamen ablesen kann: So ist für Rösberg 1734 der "Pastoratsweingarten" bezeugt, und für Brenig findet sich schon 1540 die Angabe "uff des pastoren viertel". Bezogen auf Hemmerich heißt es für 1652: "Johan Schomechers gilt von einem Pint Weingart in der schetzungen schießt rheinwartz auf den Pastorat wingert 1 alb(us)." Manchmal beschweren sich die Pfarrer darüber, daß ihre eigenen Weingärten von den Pächtern in Unstand gebracht und in seltenen Fällen sogar regelrecht geplündert wurden. So beschwerte sich der Waldorfer Pfarrer Michael Herkenrath (von 1714 bis 1734 dort amtierend) bei den Kirchenschöffen, daß sein Wingert wegen nachlässiger Pflege bald zu einem Driesch ("Dreschweingart") zu verkommen drohe. Man möge ihn doch dahingehend unterstützen, daß sein Pächter seinen vertragsgemäßen Pflichten nachkomme!

Den wohl frühesten Beleg für einen Pastoratsweingarten kann Alfter im Jahr 1419 aufweisen: "Pastoir 1 ame wyns van syne hoestat (Hofstatt) die helt ½ morgen so in wyngarde ind so in bongarde in is gelegen." Dieser dem Pfarrherrn gehörende Weingarten wird in der Folgezeit noch mehrfach in den Akten genannt.

*

Im Volksmund wurde das Bibelzitat vom "Weinberg des Herrn" bisweilen gern auf den örtlichen Pfarrklerus angewandt. Nur bemängelte man ironisch, daß dieser Weinberg für die "Pfarrgenossen" leider arg wenig abwerfe, ja, man sogar gezwungen sei, diesen Weinberg ohne Gegenleistung zu beakkern. Wo bleibe da die göttliche Gerechtigkeit!?

Dabei wußte man natürlich, daß die Ortsgeistlichen den größten Teil ihres eigenerzeugten Weines als Meßwein verwendeten.

Berufe, Tätigkeiten und Familiennamen rund um den Weinbau am Vorgebirge

Die Überschrift dieses Kapitels deutet an, daß der einstige Weinbau am Vorgebirge auch im Bereich der Familiennamensgebung seinen Niederschlag gefunden hat. Dabei handelt es sich nicht nur um die Herleitung aus früheren Berufen und Tätigkeiten, sondern auch um das Anknüpfen an andere Merkmale, wie zum Beispiel Necknamen.

Im 12. und 13. Jahrhundert beginnt im Rheinland vereinzelt die Familiennamensgebung; davor wurde jede Person nur bei ihrem Taufnamen gerufen. Die Zunamen wurden nicht selten aus dem weiten Feld der Berufe und Tätigkeiten genommen (Schmied, Wagner, Schneider, Krämer, Schumacher, Assenmacher, Leyendecker usw.), doch auch Wohnplatz- und Herkunftsbezeichnungen waren üblich (Langenberg, Tiefental, Pütz, Birkenbusch...). Sodann griff man gerne auf besondere körperliche, charakterliche, geistige und sonstige Merkmale zurück (Groß, Klein, Dick, Klug, Braun, Weiß, Schwarz, Langer, Breithaupt...).

Reine Berufs- und Tätigkeitsbezeichnungen, die sich schließlich zu Familiennamen verfestigten und erblich wurden, lauten mit Blick auf den Weinbau: Winzer, Weingärtner, Weinknecht, Weinschenk, Weinzepf (derjenige, der den Wein vom Faß zapft), Weinhauer (der den Wingert umgräbt) und Weinschneider (der die Reben beschneidet). Ein Mertener Kirchenrechnungsverzeichnis nennt für das Jahr 1698 einen Winzer namens Jan Weingarten. Der Familienname Winzer besteht auch als Latinismus. So kann der Zuname Winter in einzelnen Fällen durchaus auf lateinisch "vinitor" zurückgehen. Entsprechend leiten sich ja auch die Ortsnamen Königswinter und Oberwinter als Bezeichnungen bekannter rheinischer Weinanbauorte von lateinisch "vinitorium" (Winzerei) ab, was durch die mittelalterliche Vorläuferform "Winteren" formal und lautlich bestens gestützt wird.

Im Jahr 1449 findet sich unter den Winzern von Oedekoven ein Henken Wynydor, der einen Morgen und ein Viertel Weingärten bestellte. Sein Familienname ist ein verschliffener Latinismus, nämlich "vinitor" (s.o.). Vor 1484 gab es zu Oedekoven außerdem eine Familie namens Winckers. Dieser Name war verschliffen aus "Weinackers". Für Impekoven ist 1449 der Weinbauer Hermann Weynraiße bezeugt.

Der Weinhändler erhielt gelegentlich den Familiennamen Weinkauf, der im Niederländischen z.B. als Winkoop belegt ist und in Heidelberg schon 1417 auftaucht. Chr. M. Vortisch nennt für diesen Namen und dessen Varianten eine ganze Reihe von Belegen, mit der Bemerkung: "Wenn er 1465 in Erfurt *Winkoyff* heißt, dann dürfte er aus dem Elsaß oder vom Kaiserstuhl stammen. In Wittenberg studiert 1566 Blasius Weinkauff Badensis, wahrscheinlich der spätere evangelische Pfarrer von Oberweier bei Friesenheim, Bläsi Weinkauff" (1980).

Der Kiepenheuer oder Kiepenhauer (vgl. Steinhauer als Bezeichnung eines Mannes, der im Steinbruch arbeitet) fertigte die Kiepen in früheren Jahrhunderten aus Holzscheiten, die zuvor behauen werden mußten. Ein anderes Wort für Kiepe lautet "Legel". Der Berufsstand, der die Legel (eine lange hölzerne, innen mit Pech bestrichene Rückentrage) herstellte, nannte sich "Legelmacher", ein Name, der etwa im Raum Siegburg-Troisdorf seit dem 16. Jahrhundert bezeugt ist, und zwar in den Varianten Lellemecher, Lehelmacher, Legelmacher und schließlich (seit 1602 nachweisbar) Lehmacher. Daneben besteht die gleichbedeutende Bezeichnung Lehmann, falls hier nicht ein verschliffenes "Lehenmann" als Begriff des mittelalterlichen Lehnswesens gemeint ist. - In vielen Dokumenten, die sich auf den einstigen Weinbau im Vorgebirge beziehen, taucht der Begriff des "Legel" oder "Lägel" auf, so beispielsweise 1613 für Rösberg, mit der Angabe: "Johann Rey hat zwey Lägel und ein blochbüttgen gefertiget für die churfurstliche Kelter in der fußgassen zu Sente Martine." Johann Rey war Kleinwinzer in Rösberg. Für das große kurfürstliche Tafelgut in der damaligen Mertener Fußgasse hatte er also mehrere für die Traubenernte wichtige Gerätschaften hergestellt.

Die Weinfässer wurden von den Faßbindern oder Faßbendern zusammengefügt. Sie arbeiteten hauptsächlich mit Hammer und Setzer, dem sog. Bindergeschirr, um das Faß oder die Bütte zu bändern. Weil es damals sehr viele Faßbinder gab, ist der Familienname Faßbender im gesamten Vorgebirge heute noch sehr häufig. Der Faßbender umschloß also das Holzfaß mit eisernen Bändern, damit es zusammenhielt. Seine handwerklich gute Arbeit war für die Lagerung des Weines von höchster Bedeutung. - Besonders wichtig für die Vorgebirgswinzer war die Bonner Faßbinderzunft, der etliche Weingärtner zwischen Duisdorf und Badorf angehörten. Ein Mertener Kirchenbuch verzeichnet für 1694 den Faßbinder Heinrich Faßbender. An diesem Beleg erkennt man geradezu modellhaft die Deckungsgleichheit von Berufs- und Familienname bzw. die Herkunft des Zunamens von der Berufsbezeichnung. Für Bornheim ist übrigens schon anno 1477 ein Geret Wasbender (= Faßbender) nachzuweisen.

Die Küfer (Küpper, Küper, Kübbeler, Küffner usw.) gehörten zu den zwölf alten Bonner Stadtzünften, einer sog. "Gaffel", über die ein Amtsbrief aus dem Jahr 1605 Auskunft erteilt. 1398 ist für Waldorf "Vrederich der cuefer" nachgewiesen, der von 15 Viertel "Wyns van eyner Hoiffstadt in der Juedegasse" abgabenpflichtig war. Die Judengasse heißt heute Bergstraße.

Das "löbliche Faßbinder-Amt" hatte sein Domizil in der Bonner Stockenstraße, im Amtshaus "Zum Marienbild", just neben dem "Haus zum Schwert". Das von 1689 bis 1817 geführte Zunftbuch dokumentiert genau 1604 Personen aus 540 Familien. In der französischen Zeit (1794 bis 1814) freilich wurde diese traditionsreiche Zunft offiziell aufgelöst.

Für Gielsdorf und Oedekoven unterrichtet uns Robert Thomas genauestens über die aus diesen Orten stammenden Faßbender: "Unter dem 12. März 1723 findet sich die erste Eintragung eines Gielsdorfer Lehrjungen, der von seinem Meister Servatius Eckscheid angenommen wurde. Johann Moll aus Gielsdorf (...) entrichtet die Amtseinschreibungsjura von 6 Gulden und 4 Albus. Bereits am 22. Juli 1726 nahm Faßbindermeister Servatius Eckscheid einen neuen aus Gielsdorf stammenden Lehrling an, es war Johann Mathias Moll, Sohn des Statthalters Jakob Moll vom kurfürstlichen Statthalterhof in Gielsdorf und seiner Ehefrau Catharina Krings, der nach Zahlung der Amtsjura ins Amtsbuch eingeschrieben wurde. Am 13. Juni 1728 hatte Johann Mathias Moll seine Lehrzeit beendet und wurde nach Zahlung der Ausschreibungsjura von 53 Albus und 4 Heller ausgeschrieben. Auch im Winzerdorf Oedekoven war durch entsprechende Weinernten, die zum Teil mit Fässern zum Verkauf kamen, eine gute Erwerbsgrundlage für einen Faßbinder gegeben. Im Jahre 1738 gab die Witwe des Oedekovener Weingärtners Mathias Nettekoven, dessen Vater 1680 - 90 gepachtete Weingärten des Tempelhofes der Herren von St. Johann und Cordula bewirtschaftet hatte, ihren Sohn Theodor bei Faßbindermeister Jakob Jansen in Bonn in die Lehre. Theodor Nettekoven wurde bereits am 30. November 1739 nach abgeleisteter Lehrzeit aus dem Amtsbuch des Faßbinderamtes Bonn ausgetragen. Im Jahre 1750, am 2. August, nahm Meister Adam Cuchenheim einen Lehrknecht mit Namen Wilhelm Castenholz aus Gielsdorf an. (...) Wilhelm Castenholz beendete am 7. Februar 1752 bei einem anderen Faßbindermeister, Meister Adam Bornheim von Bonn, seine Lehrzeit. (...) Nach den abgeleisteten Lehrjahren erhielten die Faßbinderlehrjungen nach deren Lossprechung einen als Kupferstich ausgeführten Gesellenbrief vom Faßbinderamt ausgehändigt. Der Holzreichtum der Vorgebirgsgemeinden mag ebenfalls eine Voraussetzung für die Existenz dieses Handwerkszweiges in Gielsdorf und Oedekoven gewesen sein. So konnten diese Faßbinder auch billiger produzieren. In den Jahren 1769 bis 1794 müssen dies die außerhalb von Bonn wohnenden Faßbinder genutzt haben und Bütten, Eimer und Fässer in der Stadt Bonn zum Verkauf gebracht haben. Mit einer entsprechenden Eingabe des Faßbinderamtes der Stadt Bonn an den Kurfürsten sollte daher nach dem Willen der Meister ein Einfuhrverbot von Faßbindererzeugnissen erreicht werden, aber dem

Einmarsch der französischen Revolutionstruppen folgte die Aufhebung der althergebrachten Zunftrechte und setzte Gewerbefreiheit an deren Stelle." - R. Thomas berichtet auch von Duisdorfer Faßbinderlehrlingen: "Unter dem 28. Oktober 1738 findet sich eine Eintragung über einen Duisdorfer Lehrjungen, der von Meister Anton Fuchs angenommen wurde. Dieser Peter Richartz (...) entrichtete die Amtseinschreibungsjura und wurde ins Faßbinderamt aufgenommen. Im Jahre 1740 erfolgte die Ausschreibung des Lehrjungen Peter Richartz, und er wurde fortan als Geselle geführt" (1982).

Kommen wir zu einem weiteren Berufszweig aus dem Umfeld des Weinbaus. Die Tretbottiche, "Blochbüdden", Holzfässer, Weineimer und Traubenwannen wurden von den Böttchern hergestellt. Daher stammen die Familiennamen Böttner, Büttner, Bötticher, Böttges, Böttger, Bödiger, Böddicker usw. In Waldorf zeugt der Straßenname "Büttgasse" von der dort einst ansässigen Böttcherzunft. Der Straßenname wird schon 1701 urkundlich erwähnt. Die Büttner fügten die Traubengefäße aus sog. Dauben zusammen.

Diejenigen, die mit der Herstellung von Traubenpressen und Kelterbäumen befaßt waren, erhielten als Familiennamen, soweit sie natürlich nicht bereits einen anderen Zunamen trugen, eben diese leicht zu durchschauenden Namen: Kelter, Kelterbaum, Kelterrahm und Torkeler, Torkler, Dorkler, Dorklar u.ä. (zu lateinisch "torcularius"). Im 17. Jahrhundert besaß ein Johann Kelter die Herseler "Keltershoffstatt": Hier stehen Hof- und Familienname in sehr enger Beziehung zum einst in Hersel betriebenen Weinbau.

Die im Vorgebirge heimischen Familiennamen Petsch, Pitsch und Peitsch beziehen sich auf die einst hier gebräuchlichen kleinen "Pitschkeltern", in denen die Trauben mittels einer schweren Holzspindel "gepitscht", also zerdrückt und ausgepreßt wurden. "Im untergegangenen Hordorf (zwischen Bornheim und Brenig) lag an der Petschgasse, dem Nordteil der heutigen Bornheimer Kalkstraße zwischen Mühlenstraße und Hohlenberg, im 'Petschhof' das vielbenutzte Kelterhaus des Junkers von Frentz zu Heister" (Zerlett, 1959). Kurz hinter der Einmündung der Staffelsgasse in die Alfterer Straße steht auf Duisdorf zu rechterhand als Blickfang eine solche kleine Pitschkelter, während sich oberhalb der alten Marienkapelle von Oedekoven seit 1967 eine große Kelter in einer hübschen Grünanlage befindet. Diese Kelter hatte man seinerzeit in einem ehemaligen Oedekovener Weingütchen entdeckt. - Auf der Ecke Kirchgasse / Am Junker wurde 1991 ebenfalls auf Initiative des Gielsdorfer Ortsausschusses eine renovierte Traubenpresse aufgestellt. Gielsdorf und Oedekoven sind aufgrund dieser alten Keltern und vor allem wegen des jeweils sehr gut erhalten gebliebenen historischen Bebauungszustandes auch heute noch als frühere Winzerorte erkennbar. Bereits 1987 trat

die Denkmalpflege auf den Plan, um den alten Ortskern von Gielsdorf insgesamt unter Denkmalschutz zu stellen, mit der Begründung, daß mit Blick auf den ehemaligen Weinbau "ein erhebliches öffentliches Interesse an der Erhaltung und Wahrung des prägenden Erscheinungsbildes" bestehe. Der Bonner General-Anzeiger titelte am 12. September 1987: "Wird ganz Gielsdorf ein Denkmal als 'letzter Winzerort im Vorgebirge'?"
Die Pachtwinzer hatten ihrer Grundherrschaft gegenüber oft harte Frondienste zu leisten. Für jeden Pachtmorgen an Rebflächen mußten sie jährlich eine oder mehrere Schubkarren voll Stalldünger liefern: "Dazu erschien als Amtsperson der vereidete 'Mößmeißer' (=Düngermesser) mit einer Liste in den Gehöften, sagte die veranschlagte Zahl Schiebekarren an und fuhr mit seiner Schiebekarre den Dünger auf die Straße. Dort mußten die Pächter den Dünger wieder aufladen und in die eigenbewirtschafteten Weinberge und Gärten der Herrschaft fahren. Der 'Mößmeißer' kassierte für seine Amtshandlung dazu noch einen festgesetzten Obulus" (Zerlett, 1959). - Im Rösberger Burgarchiv findet sich für 1729 der Flurname "an der Meßmechers". Diese heute schwer zu verstehende Bezeichnung bezog sich einst auf einen Weingarten, der dem herrschaftlichen "Mistmesser" gehörte. Für Alfter liegt eine 1793 ausgefertigte Aufstellung über den damals zwölf Morgen großen "Herrenwingert" (heute als Straßenname geläufig) vor, der zufolge der Stallmist mit einem Wert von 122 Talern beziffert wurde.

Die Familiennamen Keller, Kellermann, Kellner usw. zählen zu den gängisten Weinberufsbezeichnungen. 1747 bat der herrschaftliche Vogt von Alfter den Grafen von Salm, einen neuen, vor allem zuverlässigen Kellermeister anzustellen, da der bisherige ständig betrunken sei! - Aus einem lateinischen "Vindimiator" (1505 zuerst in Köln belegt) wurde im Deutschen der Familienname Wimmer. Dies ist ein Mann, der die Ernte im Rebberg besorgt.

Ein im Vorgebirge häufig anzutreffender Familienname lautet Wirtz, Wierz und ähnlich. Damit wurde früher ein junger Wein bezeichnet, der noch nicht ganz "ausgegoren" war. Eine ältere Form lautet "Würtz". Daneben nennen einige Dokumente die Bezeichnung "Vietz". Es handelt sich dabei um den milchig-weißlichen Traubensaft, der heute allgemein unter dem Begriff "Federweißer" geläufig ist.

Nicht zu vergessen sind Namen wie Herbst, Herbster, Herbstler, Herbstmann usw. Im Badischen treten die Bezeichnungen Trubelmann und Trübeler hinzu als Namen für die Helfer, die bei der herbstlichen Weinlese helfen. Diesen Namen sind die Varianten Träubler, Träubmann / Träupmann usw. an die Seite zu stellen.

Zum Schluß dieses Kapitels seien noch die Röder und Weinschröder genannt. Die Röder eichten die Weinfässer und versahen sie mit ihren abstrakten Röderzeichen, die den Steinmetzzeichen vergleichbar sind. So wußte man immer, nach welchem Maß (Bonner, Kölner, Alfterer ... Maß) die Füllmenge eines Fasses berechnet wurde. - Die (Wein-) Schröder arbeiteten im Weinhandelsgeschäft. Sie mußten den verkauften bzw. erworbenen Wein verladen und in die Keller schaffen. In Koblenz bildeten die Schröder oder Schröter mit den Fuhrleuten und Weingärtnern eine eigene Zunft. In Oedekoven wird bereits 1449 ein Hennes Schröder als Pächter von Weingärten genannt. In einem Kardorfer Weinpachtregister wird 1579 der "churfustliche Winschruter Henricus Pistor" als Anrainer von Weingärten "im Caßelbergh" genannt. Der im 17. Jahrhundert häufig erwähnte Kardorfer Casselberg war ein ausgedehntes Rebgelände in der Nachbarschaft zum Rankenberg.

*

Insgesamt läßt sich feststellen, daß die auf den Weinbau bezogenen Berufs- und nachmaligen Familiennamen ein reichhaltiges Repertoire bilden. Namen von Weinbergen und anderen Rebflächen, Weinberufsnamen, Über- und Necknamen zu Weinberufen (z.B. Altwein, Bannwein, Geiswein, Hegwein, Kühlwein, Suchwein, Tretwein, Tüffelwein) sowie Rebnamen (Rebmann, Reber, Rebner, Reeb, Rebholz, Rebstock, Rebling, Rebstein, Rebzahn, Rebentrost usw.) belegen dies auf eindrucksvolle Weise.

Ausdehnung, Umfang und Ende des Weinbaus am Vorgebirge

Verschiedenen Quellen läßt sich entnehmen, wie umfangreich der Weinbau im Vorgebirge einst war. Das 18. und 19. Jahrhundert liefern zunehmend immer genauere Zahlen, und man staunt über die dereinst durchaus als gewaltig zu bezeichnende Ausdehnung der hiesigen Rebkulturen. Sehr genau sind wir auch über den Rückgang und schließlich das gänzliche Verschwinden des Weinbaus am Vorgebirge unterrichtet. Die Gründe für das Versiegen dieses einst blühenden Wirtschaftszweiges können detailliert aufgezeigt werden.

Um sich eine Vorstellung vom Vorgebirge als frühere Weinbaulandschaft zu machen, scheint mir ein Vergleich mit den heutigen Gegebenheiten der "Sächsischen Weinstraße" an der Elbe bei Meißen und Dresden nicht abwegig zu sein. Höhenlage(n) und Anzahl der Orte lassen sich in der Tat gut vergleichen: Diesbar-Seußlitz, Golk, Winkwitz, Niederau, Weinböhla, Coswig, Zitzschewig, Lößnitz, Radebeul, Loschwitz, Wachwitz, Pilnitz und Graupa.

Von Bonn-Duisdorf mit Medinghoven über Oedekoven, Impekoven (mit Nettekoven und Ramelshoven), Gielsdorf, Alfter (mit Birrekoven und Olsdorf), Roisdorf (mit dem untergegangenen Weiler Grippekoven), Bornheim (mit Botzdorf und den ehemaligen Honschaften Birtzberg und Hordorf), Brenig (mit Bisdorf und den früheren Teilortschaften Bargene, Reckinghoven und Frimmersdorf), Dersdorf (mit Rankenberg), Waldorf (mit Üllekoven), Kardorf (mit dem Altenberg und dem einstigen Haytgenhusen), Hemmerich (mit dem alten Weiler Ginhoven), Rösberg, Merten (mit Trippelsdorf, der Mertener Heide, dem Gut Londorf und dem nicht mehr bestehenden Marsdorf), Walberberg (mit dem alten Ortsteil Rheindorf), Badorf (mit Geildorf und Eckdorf) und Pingsdorf erstreckte sich bis Brühl ein nahezu durchgehendes Weinbaugebiet auf einer ungefähren Länge von 30 Kilometern. Hinzu traten die Tallagen von Lessenich, Messdorf und Sechtem sowie die Rheinorte Hersel, Uedorf, Widdig und Urfeld bis Wesseling. - Auch auf der Westseite des Vorgebirges, an der Swist, wurde einst (in geringem Umfang) Wein angebaut. Dieses Gebiet bleibt hier unberücksichtigt.

Auf den französischen Karten, die unter der Leitung des Obersten Tranchot im ersten Jahrzehnt des 19. Jahrhunderts angefertigt wurden und deren Genauigkeit unübertroffen ist, findet sich in den genannten Ortschaften überall der Buchstabe "V". Er steht für französisch "vigne" / "vignoble" (Weingarten, Weinberg).

Im Zusammenhang mit einem zuletzt 1568 erneuerten Verbot, Wingerte in fremden Besitz zu geben (einem nur bedingt eingehaltenen Verbot), findet sich die Angabe, daß die Rebfläche in der damaligen Herrlichkeit Alfter, zu der auch das benachbarte Roisdorf zählte), nach heutigem Maß ungefähr 180 Morgen umfaßte (ein preußischer Morgen = 2500 Quadratmeter). 1594 war die Alfterer Rebfläche knapp 130 Morgen groß. Davon besaß der Graf 16 Morgen, sein Diensthof knapp einen Morgen, das Bonner Cassiusstift etwa 6 Morgen, die Alfterer Kirche 5 Morgen. Hinzu traten weitere 18 "geistliche" und 24 "weltliche" Morgen. Die Alfterer Bauernschaft nannte insgesamt 60 Morgen an Wingerten ihr eigen. Diese Wingerte wurden als "Hausmanns Weingarthen" bezeichnet. Dafür mußten jährlich 24 Gulden, 9 Albus und 9 Heller an Steuern berappt werden. 1662 umfaßte die Alfterer und Roisdorfer Weinbaufläche zusammen 165 Morgen. Nach einer Steuerschätzung aus dem folgenden Jahr betrug die Alfterer Weinbaufläche allein 104 Morgen. Im Jahr 1800 betrug sie noch etwa 126 Morgen. Kurz vor 1809 lagen in Gielsdorf ca. 95 Morgen, in Oedekoven 114 Morgen (gegenüber 108 Morgen im Jahr 1449) und im nach Bonn zu benachbarten Duisdorf knapp 120 Morgen an Wingerten (1733 waren es nur 66 Morgen). Im Innenstadtbereich von Bonn lagen damals zum Vergleich ungefähr 184 Morgen an Rebparzellen. Bornheim wies um 1800 eine Gesamtrebfläche von etwa 200 Morgen auf. 1816 erstreckten sich in Waldorf und Üllekoven etwa 102 Morgen und in Kardorf und Hemmerich knapp 80 Morgen an Weingärten. Alfter besaß 1816 etwa 110 Morgen, Gielsdorf etwa 95 Morgen, Oedekoven 104 Morgen und Impekoven etwas über 4 Morgen an Weingärten. Die Bürgermeisterei Sechtem (mit Sechtem, Rösberg, Merten, Trippelsdorf, Walberberg) hatte 1839 noch einen Bestand von 32 Morgen an Wingerten. Jeder Morgen war verschiedenen statistischen Angaben zufolge mit 2000 bis 3600 Rebstökken besetzt. In Dersdorf und Brenig lagen um 1815 noch gut 85 Morgen an Wingerten. In Badorf gab es 1795 noch gerade einmal 12,5 Morgen Rebfläche.

Wie sah es in den Rheingemeinden aus? 1670 wurden in Hersel noch 79 Morgen an Weingärten bestellt, in Widdig waren es 85 und in Urfeld 65.

Nimmt man als ungefähres Datum das Jahr 1800, so läßt sich anhand der sehr verstreuten und nicht immer genauen Angaben sagen, daß damals im Vorgebirge noch etwa tausend Morgen Land mit Weinreben bestanden waren.

Werfen wir noch einen kurzen Blick auf die Weinbausituation am Rhein: In der sog. "Freiheit" zu Niederwesseling dehnte sich 1711 ein 120 Morgen umfassendes Rebgelände. In Oberwesseling lagen 1671 nur 24 Morgen an Wingerten, während in jenem Jahr Urfeld 65, Widdig mit Uedorf 85 und Hersel 79 Morgen aufwiesen.

Leider wissen wir nicht genau, wie groß die Rebfläche des Vorgebirges in den Jahrhunderten des Mittelalters war. Aufgrund der zahlreichen Angaben zu Besitzern, Abgaben und anderen auf den hiesigen Weinbau bezogenen Angaben können wir vermuten, daß zur Zeit der größten Ausdehnung die gesamte Anbaufläche zwischen Oedekoven und Badorf wohl etwa zweitausend Morgen (= 500 Hektar) betragen haben wird. - Bedenkt man, daß das von etwa 1580 bis 1640 geführte "Lagerbuch der Herrlichkeit Bornheim" 519 Flurnamen aufweist, von denen sich allein 95 auf den einstigen Weinbau beziehen, so mag man erahnen, daß die vermutete Zahl nicht zu hoch gegriffen ist. So nannten allein die Kölner Kartäuser im Jahr 1557 zwischen

Walberberg und Bornheim etwa 45 Morgen an Wingerten ihr eigen. Nächst dem Domstift waren es die Kartäusermönche, die in Köln, dem "Weinhaus der Hanse" (Adam Wrede), die größte Weinkreszenz vorweisen konnten. Allein in Waldorf besaßen sie gleich mehrere Winzergüter (dazu im einzelnen weiter unten)!

Wie kam es nun zu einem Abebben des hiesigen Weinbaus und zu seiner völligen Aufgabe? Warum wurden vor etwa neun Jahrzehnten die letzten Reben des Vorgebirges gerodet?

In seinem inhaltsreichen Aufsatz über "Das Verschwinden des Weinbaus am Vorgebirge" (1970) schildert Norbert Zerlett den Niedergang des hiesigen Weinbaus folgendermaßen: "Schon ausgangs des 18. Jahrhunderts machte sich der Rückgang des Weinbaus bemerkbar, der in der französischen Zeit, vor allem infolge Arbeitskräftemangels durch die umfassenden Rekrutenaushebungen von 1807 bis 1812 für die französische Armee, noch stärker wurde. Bei den vielen Truppendurchzügen, zunächst 1813/14 der zurückflutenden Franzosen und in den beiden folgenden Jahren der Alliierten, erlitten die Weingärten große Schäden. Die Lese der reifen Trauben besorgten die Soldaten, und für die Biwakfeuer mußten die trockenen Pfähle der Rebstöcke die ganzen Kriegsjahre hindurch herhalten. Viele Weingärten waren zerstört, andere ungepflegt und verwildert. (...) Von 1816 bis in die 1830er Jahre verzeichnen die statistischen Erhebungen eine Wiederbelebung des Weinbaues. Verunkrautete und ungepflegte Weingärten wurden neu mit Pfählen gesteckt und in guten Kulturstand gebracht, abgestorbene Rebstöcke durch Setzlinge oder Senkreben erneuert. Hier und da hat man sogar neue Weingärten angelegt. Um 1840 setzte deutlich spürbar eine Abkehr vom Weinbau ein. (...) In zeitlichen Sprüngen von fünf bis zehn Jahren hat man dorfweise den Weinbau eingestellt."

Das gelegentlich ins Feld geführte Argument einer angeblichen Klimaverschlechterung ist nachweislich für den Rückgang des Weinbaus unhaltbar, wie Zerlett überzeugend darlegt und ergänzt: "Schädlinge und Krankheiten an den Rebstöcken, wie Reblaus und Traubenwickler, Laubrausch, echter und falscher Mehltau haben zwar gebietsweise in einzelnen Jahren beachtliche Ernteausfälle verursacht, aber nicht den Weinbau ausgerottet. Die Chemiker entwickelten von Jahrzehnt zu Jahrzehnt geeignetere und wirksamere Mittel zur Bekämpfung dieser Plagegeister und Seuchen. Niedrige Löhne in Weinbaugebieten und eine dadurch bedingte Abwanderung der Arbeitskräfte zu Industrie und Gewerbe haben für den Weinbau im Vorgebirge eine nur ganz unbedeutende Rolle gespielt. Große Weingüter mit mehr als 10000 Rebstöcken, für die unter Umständen eine fremde Arbeitskraft gebraucht wurde, waren nicht mehr vorhanden. Der Weinbau lag im vergangenen Jahrhundert ausschließlich in den Händen von Klein- und Kleinstbetrieben, die mit familieneigenen Kräften ihre Landwirtschaft und nebenbei noch den Weinbau betrieben."

Das Stadtarchiv Bornheim besitzt ein aufschlußreiches Aktenheft über den Wein- und Tabakbau 1832 / 58, aus dessen Angaben hervorgeht, daß einer der wesentlichen Gründe für den Rückgang des hiesigen Weinbaus die bessere Verdienstmöglichkeit im Bereich des Gemüseanbaus bestand. Ein weiterer wichtiger Grund bestand in der recht kleinlichen und wirtschaftlich unverträglichen Besteuerung des Weinmostes ab dem Jahr 1819. Dazu Zerlett: "An Hand von Katasterunterlagen (...) prüfte der Steuerkontrolleur den tatsächlichen Bestand von Rebstöcken in den Vorgebirgsdörfern. Der Kontrolleur war ständig unterwegs. Als er durch die vielen Rodungen der Rebstöcke im Jahre 1845 eine Übereinstimmung der Katasterangaben mit den tatsächlichen Beständen nicht gewinnen konnte, versagten seine Kräfte. Der Polizeisergeant von Sechtem mußte eine Neuzählung der Rebstöcke von Weingärtchen zu Weingärtchen durchführen." Dies verursachte bei den Vorgebirgswinzern manchen Verdruß. Aus Merten wissen wir um einen solchen Ärger, den Zerlett anschaulich beschreibt: "Die Freiin v. Kleist hatte in Merten ein auf halbem Hang gelegenes Anwesen erworben und Kleisthöhe getauft. Der Vorbesitzer Haas aus Sürth ließ die ringsum liegenden Weingärten roden. Dennoch erschienen in den folgenden Jahren laufend die Kontrolleure und suchten nach Rebstöcken im Garten der neuen Besitzerin. Dieser wurden die fortlaufenden Kontrollen mit der Zeit zu dumm. Sie geriet mit dem Oberkontrolleur in Wortwechsel. Um endlich Ruhe und Frieden zu bekommen, schrieb sie kurz und bündig am 24. Oktober 1849 dem Landrat, sie wolle den Kontrolleuren den unnützen Weg ersparen und vollziehe nochmals die Abmeldung von Weingärten und Weinbau auf ihrem Besitztum. Das rief den Ehrgeiz des Oberkontrolleurs auf den Plan. Er verlangte die Amtshilfe des Bürgermeisters und stellte mit diesem als Zeugen fest, daß noch Weingewächs - wohl Hausstöcke - auf dem Anwesen standen, die Tafeltrauben heranreifen ließen. Der Kontrolleur hatte gesiegt, denn er berichtete darüber triumphierend und stellte rechtens fest: Solange noch irgendein Weingewächs vorhanden ist, muß sich die Dame die Kontrollen gefallen lassen." - Großzügiger dachte und handelte der Sechtemer Ehrenbürgermeister von Groote, der auf der Kitzburg zu Walberberg residierte: "Er wies richtig darauf hin, daß nur noch wenige kleine Weingärten beständen, deren Besitzer keinen Weinhandel betrieben. Die Weinlese 1850 bezeichnete er als einen totalen Ausfall. Der Preis pro Ohm dieses schlechten Weines betrage nur fünf bis sechs Taler; v. Groote empfahl den gänzlichen Erlaß der Moststeuer" (Zerlett).

1853 verzeichnete das Vorgebirge eine starke Spatzenplage, weshalb das Fangen dieser die Weingärten heimsuchenden Vögel behördlicherseits belohnt wurde. "Die Pfarrer Johann Abel (Merten), Johann Josef Dortans (Rösberg) und Johann Joseph Horst (Walberberg) gehörten zu den letzten Winzern der Bürgermeisterei Sechtem. Ihre Weinkreszenz diente als Meßwein dem Gottesdienst in den heimatlichen Pfarrkirchen" (Zerlett). In Merten-Trippelsdorf betrieb die Witwe des Anton Moll im Jahr 1858 noch in spärlichem Maße den Weinbau, der sodann in diesem traditionsreichen Winzerort erlosch. 14 Jahre zuvor gab es in der gesamten Bürgermeisterei Sechtem noch 33 Winzer. Zwei Jahre davor waren es immerhin noch 70. Das Anwachsen der Städte Bonn und Köln und die damit verbundenen Marktchancen begünstigten das Umsteigen von Wein auf Gemüsezucht. Die Absatzmöglichkeiten für Obst und Gemüse aus dem Vorgebirge stiegen ganz erheblich mit der Inbetriebnahme der Eisenbahn zwischen Köln und Bonn im Jahr 1844. Noch im Februar 1844 wurden die Vorgebirgsbahnhöfe Sechtem und Roisdorf in Betrieb genommen. Bereits im Frühling desselben Jahres fuhr an Wochentagen jeden Morgen ein Marktzug von Bonn nach Köln, der für die Marktbeschicker nur Packwagen, in der hiesigen Mundart "Ställche" geheißen, hatte. War man vor dem Bau dieser Bahnlinie stets zu Fuß mit Karren und Körben zu den Märkten dieser Städte gezogen, so brachte die Bahn doch nunmehr eine geradezu revolutionäre Verbesserung. Der Marktzug war für die deutliche Verringerung des Weinbaus am Vorgebirge mitverantwortlich. Mit Obst und Gemüse konnte man einfach mehr verdienen. Außerdem muß man berücksichtigen, daß just in den vier Jahren vor der Inbetriebnahme der Eisenbahn ausschließlich schlechte Weinjahre zu verzeichnen waren. Allein in der Bürgermeisterei Sechtem schmolz das Weinareal zwischen 1840 und 1844 von 33 auf 15 Morgen. Zerlett stellt fest: "Für Badorf in der Landbürgermeisterei Brühl und für die Bürgermeistereien Oedekoven und Waldorf kann nur die gleiche Ursache für den Rückgang des Weinbaus bestimmend gewesen sein. In der Bürgermeisterei Sechtem hielt sich noch ein Weinareal von zwei Morgen, verteilt auf 33 Winzer, bis 1858."

Für den Rückgang des Weinbaus am Vorgebirge ist noch ein weiterer Faktor zu nennen. Die 1818 erlassenen Regelungen des Deutschen Zollvereins erlaubten, dank der verbesserten Verkehrsbedingungen, pfälzische Weine zollfrei in Preußen einzuführen. Dem Vorgebirgswein erwuchs somit auf einmal eine ernstzunehmende Konkurrenz, die sich im Verlauf des 19. Jahrhunderts noch verschärfen sollte. Die Weine aus dem Rheingau, vom Mittelrhein, von der Ahr und von der Mosel waren durchschnittlich qualitativ besser als die am Vorgebirge gezogenen Weine. Nur das südliche Vorgebirge konnte sich noch einige Jahrzehnte gegen den Konkurrenzdruck behaupten, bis schließlich auch hier der letzte Rebstock gerodet werden mußte.

Der gewerbliche Weinanbau ging auch in Alfter, Gielsdorf und Oedekoven ab etwa 1870 deutlich zurück. Begünstigt wurde dieser Rückgang durch den Schädlingsbefall der Trauben. So wurden in Alfter bereits 1862 polizeiliche Maßnahmen gegen die sog. "Traubenkrankheit" verkündet. "Trotz des Wegfalls des gewerblichen Weinbaues wurde am 2.1.1880, ebenso in 1883, 1890, 1892 nach gesetzlicher Vorschrift wieder 'eine Gemeindekommission zur Überwachung der Weinberge und zur Verhütung der Reblauskrankheit' im Gemeinderat gewählt. Am 17.7.1899 beschied der Gemeinderat dem Landrat, daß 'da überhaupt noch nicht einmal ½ ha Weinberge mehr vorhanden sind'. Dennoch genehmigte der Rat am 26.2.1901 die Anschaffung eines Traubenschwefler-Apparates auf Gemeindekosten" (E.G. Kalkum, 1989).

Frühere Winzerhäuser in der alten Bahnhofstraße
(einst: Hohlenweg) zu Alfter.

Man erkennt, daß im Verlauf des 19. Jahrhunderts eine ganze Reihe von sich ergänzenden Faktoren für den Untergang des Weinbaus am Vorgebirge geltend zu machen sind, die letztlich in ihrer Gesamtheit so gravierend waren, daß kurz vor Ausbruch des Ersten Weltkriegs die Weinbautradition des Vorgebirges zu Grabe getragen wurde. - Eine vermutlich etwa 1700 bis 1800 Jahre währende Tradition hatte damit wahrscheinlich ein für alle Mal ihr Ende gefunden.

*

Abschließend seien die Jahre genannt, in denen im Vorgebirge in den einzelnen Ortschaften der Weinbau definitiv aufgegeben wurde: Sechtem um 1800,

Hemmerich 1848, Rösberg, Walberberg 1850, Merten, Trippelsdorf 1858, Badorf 1871, Waldorf 1875, Brenig, Dersdorf 1886, Bornheim 1890, Kardorf, Roisdorf 1900, Alfter, Oedekoven 1901, Gielsdorf 1912. - Von den Rheinorten hielt sich Hersel mit Blick auf den dort betriebenen Weinbau am längsten. Hier wurde die letzte Traubenlese im Jahr 1905 gehalten. Für das verhältnismäßig lange Fortbestehen des Herseler Weinbaus waren nicht, wie Zerlett schreibt, "Erwerbsgründe maßgebend, sondern Tradition und Wohlstand der Besitzer. Aus dem Eigentum des Kölner Kaufmannes Marcus Du Mont, der inmitten seiner Herseler Weingärten ein prächtiges Rokokohaus mit vier Weinpavillons zwischen den Weingärten, an der Herseler Tränke, nahe der Miel und auf dem Werth besaß, kam ein Weingarten in Eigentum des Gutsbesitzers Otto Frings, der den Weinbau zum familiären Vergnügen mit Lust und Liebe fortsetzte. Wo der letzte Herseler Weingarten war, befindet sich noch heute ein wohlrestaurierter Weinpavillon." Einige Heimatkundler stellen freilich in Abrede, daß es sich hier um einen Weinpavillon gehandelt hat; sie neigen eher zur Annahme eines Garten- oder Teehäuschens. - Wie dem auch sei; jedenfalls habe man den letzten Herseler Wein den Kühen als Verdauungstrank gereicht (Breuer, Hersel).

Zum 1848 in Hemmerich aufgegebenen Weinbau äußerte sich der damalige Hemmericher Pfarrer Maaßen wie folgt: "Ungünstige Weinjahre hatten die gute Folge, daß die Weinstöcke den Obstbäumen und Gemüsepflanzungen das Feld räumten, welche reichern und regelmäßigern Ertrag liefern." Maaßen hatte gemeint, daß auch in Kardorf der Weinbau 1848 erloschen sei. Dies ist unrichtig, denn noch in den Jahren nach 1890 kelterte die Familie Lux auf ihrem "Löngcheshoff", einem ehemaligen Kartäusergütchen, Wein aus eigenem Anbau. Der Überlieferung zufolge wurde in Kardorf im Jahr 1900 der Weinbau endgültig eingestellt.

Von der Weinlese in guten und schlechten Weinjahren nebst zugehörigem Brauchtum

"Erst vom vierten Jahr ab rechnete man im Vorgebirge bei einem jungen Weingarten mit einem vollen Ertrag, und alle 10 bis 12 Jahre erwartete man ein gutes Weinjahr. Vom 'Proffen' oder 'Sticken' einer jungen Anlage über Einschlagen, Herrichten und Setzen der Röhm, Gurten und Binden der Stöcke, mit Düngen und Bearbeiten des Bodens, war ein sehr langer Weg bis zu dem ersten Ertrage. Wie freute sich daher eine ganze Familie auf die Traubenlese. Im Mai wurde schon nach dem 'Gesching' (= Blütenbehang) der Ertrag beurteilt. In die gute Zuversicht mischte sich die Sorge um Spätfrost, Hagelschlag, Rebenseuche und Witterung. Waren diese sorgenerfüllten, arbeitsreichen Sommermonate vorbei und bestand Aussicht auf eine gute Ernte, dann herrschten schon Wochen vor der allgemeinen Lese Fröhlichkeit, Freude und Zuversicht" (Zerlett, 1959).

Gute, mittlere und schlechte Weinjahre verzeichneten die Vorgebirgswinzer in unregelmäßiger Folge. "Der besonderen Bedeutung des Weinbaues in früherer Zeit ist es zu danken, daß in Verbindung mit dem Weinbau besonders gute und schlechte Weinjahre und weitere klimatische Angaben in Urkunden überliefert wurden. Das 15. Jahrhundert brachte den Weingärtnern 17 heiße Sommer, darunter das Jahr 1448, in dem der Sommer so heiß war, daß es den köstlichsten Wein gab. Für das Jahr 1539 wird berichtet, daß es eine Fülle guten Weins gab, den man zum Teil aus Mangel an Fässern in den Bütten aufbewahren mußte" (Thomas, Gielsdorf, 1978). Ab dem 18. Jahrhundert erhalten wir mehr oder weniger regelmäßig Kunde von Mißernten, Frostschäden, Rebkrankheiten, besonders guten Jahrgängen usw. In den Jahrhunderten davor liefert uns der eine oder andere Zufallsfund entsprechende Daten. So schrieb der damalige Hemmericher Pfarrer Christophorus Hilgers (von 1632 bis 1664 an Sankt Aegidius zu Hemmerich amtierend) für das Jahr 1661: "Ist ein miseliges Jahr gewest und hat die Kält den trauben zugesetzet und wahr das herbßten gantz bös."

Pfarrer Johann Wilhelm Müncks, der an Sankt Markus zu Rösberg von 1756 bis 1774 als Pfarrer wirkte, klagte 1768 über die zahlreich erfrorenen Trauben und die dadurch bedingte Verteuerung nicht nur des Meßweines.

Die von Ralf Wilhelm Breuer 1996 in seinem Buch über Hersel zusammengestellten Angaben, die wir nachstehend in geraffter Form widergeben, können mit Einschränkungen sicherlich auch für das Vorgebirge gelten: "Aufgrund des Krieges um Bonn wurden die Weingärten der Umgebung bis zur Eroberung der Stadt 1689 stark in Mitleidenschaft gezogen. Im Jahre 1708 waren weder der Wein noch andere Früchte geraten. Am 13.5.1709 nahm die Witwe des Daniel Moll einen Kredit auf 'zu gehabung des unentbehrlich Brots und Zahlung der Contribution bei diesen höchst teuren und beschwerlich Mißwachsjahren'. (...) Auch am 22.1.1714 ist von 'vorgewesenem Mißwachsjahr' die Rede (...). Im Winter 1716/17 waren die meisten Weinstöcke erfroren und mußten abgeschnitten werden. Die wenigen im Wachstum verbliebenen jungen Stöcke wurden durch Spätfröste so geschädigt, daß die Blüten abfielen. (...) Nachdem 1742 eine teure Zeit herrschte, erzielte man 1743 wieder einen guten Wein. Auch das Jahr 1747 war ein gutes Weinjahr." Zwanzig Jahre später machte im Vorgebirge ein langanhaltender starker Frost die Aussicht auf eine gute Traubenernte zunichte. Dem Alfterer Grundherrn wurde gemeldet, daß die kalten Nebel, die man als "eingerissenen Wolf" bezeichnete, die Ernte stark beeinträchtigen würden. Trotzdem fiel der Ertrag bei einer noch annehmbaren Qualität nicht übel aus. "Im Frühjahr 1768 waren die Frostschäden wiederum so groß, daß den Winzern die Lust an der schweren Weingartenarbeit vergangen war. Je tiefer die Lage, umso größer die Schäden. Besonders groß war der Ausfall im herrschaftlichen Weingarten hinter der Alfterer Fruchtmühle, zwischen Görresbach und Hertersplatz. Zu allem Unglück waren auch die Hecken ringsum schadhaft, so daß die damals im ringsum eingefriedeten Dorf frei umherlaufenden Schweine in den Weingarten eingebrochen waren und die wenigen 'Lotten' abgefressen hatten" (Dietz/Zerlett, 1967). Seit Jahren beschweren sich heute die Siebengebirgs-, Ahr- und Moselwinzer über die zahlreich gewordenen Wildschweine, die in die Weingärten eindringen und als gaumenfreudige Allesfresser einen besonderen Geschmack an den leckeren Weintrauben gefunden haben.

1772 konnten die Alfterer Winzer und ihre Kollegen im übrigen Vorgebirge jubeln: "In den 'Blochbudden' rumorten und glucksten 36 Ohm junger Wein. Aber, oh Schreck, der Faßbinder hatte beim Reinigen der Fässer seine Sorgfalt außer acht gelassen. Im dritten Faß entdeckte der scharfsichtige Kellner Hühnerdreck. (...) Ein Spätfrost am 25. Mai 1781 hatte im gesamten Vorgebirge das Gescheine an den Rebstöcken (...) vernichtet. Am 31. Mai boten die Weingärten das 'greueligste Bild'. Der Wein im folgenden Jahr 1782 war so minderwertig, daß man einen Teil davon dem Alfterer Brenner Ferdinand Unkelbach verkaufte, um Brandwein zu brennen. Pflichtschuldigst berichtete der Kellner 1783 über einen guten Herbst. 50 Ohm Qualitätswein waren schon in den Gärfässern. (...) Den Wein des Jahrhunderts erntete man in diesem Jahre. Weinselig lobt sich der Kellner selbst mit den Worten, er habe beim Dienstantritt mit dem gezückten Degen im 'Junkerswingert' siebenmal herumspringen können, ohne einen Weinstock zu berühren. Heute sei der Weingarten mit den besten Rebstöcken voll besetzt. Wenn der neue Wein ein Jahr auf seiner 'Hefter' (= Hefe) liegen bleibt, werde er 200 Taler wert sein. Wörtlich heißt es: Hat man vom Neuen ein Maß getrunken, macht er die Ohren so feurig, daß man an diesem eine Pfeife Tubac anzünden kann" (Dietz/Zerlett, 1967).

1787 argwöhnten die Vorgebirgswinzer, es könne ihnen erneut eine Mißernte ins Haus stehen, doch das Gegenteil sollte sich im Verlauf einer hervorragenden Lese herausstellen, so daß man ergriffen zu Protokoll gab: "Der Himmel hat in diesem Jahre seine Allmacht an den Weinstöcken gezeigt." In Alfter stand man Kopf. Eilig ritt ein Bote nach Schloß Dyck (Ortsteil von Jüchen, Kreis Neuss), dem Stammsitz der Grafen von Alfter, mit der Bitte, alle leeren Fässer für die üppige Ernte zur Verfügung zu stellen, denn in Alfter erwarte man den besten Wein in einer solchen Menge, daß es eine Lust sei. So kam es, daß im Herbst dieses hervorragenden Weinjahres Dutzende doppelspännige Pferdekarren, hochbeladen mit Fässern voller Wein aus Alfter nach Schloß Dyck fuhren. Dies war damals ein langer und mühseliger Weg. Schon im Herbst 1743 bestand der Zug aus 32 zweispännigen Pferdekarren: "Der Weintransport auf dem Landwege führte zunächst über kurkölnische Straßen, bei Hürth durch die Enklave des Herzogs von Brabant, dann durch das Amt Bergheim, seit 1770 kurpfälzisch-bayerisches Land, vorher Herzogtum Jülich, und dann wieder durch kurkölnisches Gebiet. Fast von Meile zu Meile senkten sich Schlagbäume an Zollstöcken und Stadttoren. Dann ritt der Transportführer vor, zeigte den Zollpassierschein und erbat Freiheit von Zoll, Wegegabe oder Brückengeld für den selbsterzeugten, gräflichen Wein gemäß altem Herkommen. Der Zollpassierschein war eine mit Initialen verzierte, große vorgedruckte Urkunde. Die Zahl der Pferde und Fahrzeuge, der Fässer und Weinmengen, war darin genau verzeichnet. Neben der Unterschrift des Grafen trug jeder Schein das gräfliche Wappen im aufgedruckten, roten Lacksiegel. Die gleiche Freiheit bei der Durchfahrt durch die reichsritterlichen Gebiete der gräflichen Herrschaft wurde darin zugesichert" (Dietz/Zerlett, 1967).

Die Annalen verzeichnen ausgesprochen gute Weinernten und hervorragende Qualität für die Jahre 1811, 1819, 1842, 1857, 1893 und mit Einschränkungen 1896. Bezüglich des Weinbaus in Hersel erfahren wir, daß das Jahr 1897 nur "mittelgut" war: "Die Lese brachte 3/4 Herbst, und die Weinqualität war durch Regen und Mehltau stark herabgesetzt. Der Mehltau setzte den Weinstöcken auch 1898 sehr zu, denn man hatte zu spät und zu wenig geschwefelt. Da zudem noch Hagelwetter auftraten, konnte man in diesem Jahr von keiner nennenswerten Weinernte reden" (Breuer, 1996).

Ausgesprochen schlechte Weinjahre waren 1840, 1841, 1843, 1844 und 1850 zu verzeichnen. Diese Serie von Fehlschlägen trug, wie weiter oben detailliert dargelegt, entscheidend zum Rückgang bzw. zur teilweisen Aufgabe des Weinbaus am Vorgebirge bei.

Der gute Jahrgang 1857 hatte die im Vorgebirge verbleibenden Winzer noch einmal euphorisch gestimmt: "Der Ertrag war auch mengenmäßig so groß, daß die Bütten und Fässer den süßen Inhalt nicht fassen konnten. Aus vielen Keltern floß der junge Wein auf die Straße. Dieser Wein war goldgelb, dick wie Öl, so daß man damit schreiben konnte, und von einer Güte wie nie zuvor. (...) Die Weingärtner sollen damals gebetet haben: 'Här Jott, hür op möt dingem Säge, mir könne et net mie packe'" (Zerlett, 1959). - So waren die Vorgebirgswinzer Jahr um Jahr einem Wechselbad ausgeliefert, nach dem Goetheschen Motto "himmelhoch jauchzend, zum Tode betrübt"!

Um den einstigen Weinbau am Vorgebirge rankte sich ein buntes und vielfältiges Brauchtum, über das sich zu berichten lohnt. Folgen wir dabei dem Kreislauf eines Winzerjahres:

Bereits im Februar trieb es die Vorgebirgswinzer, wie auch in anderen deutschen Weinbaugebieten, in ihre Weingärten, um erneut mit Umgraben, Hakken, Schneiden, Binden und Düngen dem Wein einen ertragreichen Boden zu bereiten. Die alten, zerbrochenen oder angefaulten Rahmen mußten ausgewechselt werden. Die Rebstöcke selber wurden je nach Anbauart auf vielfältige Weise gebunden. Oft gebrauchte Werkzeuge waren Häppe und Rebmesser. Mit Schürreskarren wurde der Mist über schmale "Reene" oder "Wöngertpäddche" zu den Rebstöcken transportiert. Spätfröste waren in diesem Zeitabschnitt besonders gefürchtet. So hat man im Vorgebirge um die Zeit der sog. Eisheiligen noch gelegentlich in den Weingärten Rebfeuer bzw. Rauchfeuer ("Qualemvüer") angezündet, deren Glut den heranwachsenden Trauben die nötige Wärme spenden sollte. Um die Osterzeit herum begannen die Reben zu "tränen": "Die Botten oder schlafenden Augen an den Reben, kleine Blatt- und Blütenknospen, die am kahlen Gezweig sitzen und noch von den braunen Hüllblättchen umschlossen sind, schwellen, und bei warmem, sonnigem Wetter entfalten sich dann zarthaarige Blättchen und gegabelte Ranken. Die jungen Loden (Schößlinge) treiben üppig empor und müssen an die Pfähle gebunden werden; allzu üppig wuchernde (geile) oder beschädigte müssen geschnitten werden" (Wrede, 1935).

In angespannter Erwartung sahen die Vorgebirgswinzer dem "Traubenbluten" entgegen, dessen Beurteilung zeitlich und brauchtumsmäßig mit dem 24. Juni, dem Johannistag, zu tun hatte: "Acht Tage vor dem Feste und acht Tage nach ihm gelten für gewöhnlich als die Zeit, in der das Schicksal der Blüte sich entscheidet, sozusagen auch das Schicksal des Winzers für das ganze Jahr. Blütentage sind Schicksalstage, wie für die Obsternte so auch für die Traubenlese. Lange, kalte Regentage im Mai und Juni verspäten das Blühen oder können es verderben. Der Volksmund sagt: 'Was nach Margaretentag (13. Juli) blüht, gibt kein Kaufmannsgut'. Je nach Verlauf der Traubenblüte weiß der Winzer sich wegen der Fässer für den neuen Wein einzurichten. Die grünweißen Blüten sind in dem dichten grünen Blattwerk auch in ihrer Vereinigung an der ganzen Traubenrispe kaum erkennbar. So unscheinbar sie auch sind, umso köstlicher duften die Gescheine, die grünen Blütenrispen. Die Luft, die über die Weinflur streicht, führt dann dem Wanderer balsamische Gerüche entgegen, mit denen der Duft der Rosen, Nelken und Reseden nicht zu vergleichen ist" (Wrede). Das gesamte Winzerjahr über mußte man auf Schädlinge achten. Dem Sauerwurm und dem Mehltau (auch Meltau geschrieben) rückte man mit dem Schwefler oder der Vitriolspritze zu Leibe. Auch das Jäten, Hecheln und fortlaufende Binden gingen weiter.

Über die von den Klöstern auf deren Gütern im Vorgebirge angestellten Weingärtner wird hin und wieder berichtet, daß sie einem alten Rechtsbrauch zufolge bei erfolgreicher Arbeit jeden Abend einen Krug frischen Weines (meist drei Maß umfassend) trinken durften.

Den Spätsommer wünschte man sich warm und sonnig, mit einem gelegentlichen Regenguß. In den Morgenstunden sollten Nebelschleier die Trauben benetzen. Eine Winzerregel besagte, daß die Trauben im August kochen, im September braten und im Oktober baden sollten. - Über die Anrufung bestimmter Winzerheiliger wird in einem gesonderten Kapitel zu berichten sein.

In alten Weistümern ist manchmal ebenfalls die Rede vom Weinbau. So heißt es unter Punkt 16 des Alfterer Weistums von 1623: "Erkennen wir auch schuldig zu sein, auf des Herrn Weingärten Mist zu fahren und zu tragen, dieselben Weingärten zu pflanzen, zu schneiden, Rahmen zu hauen, zu wetzen, zu sticken, zu gürten, zu graben, zu sechten und alle sonstige Weingartsarbeit zu tun." Die damals etwa 16 Morgen Rebgelände umfassenden Lagen des Alfterer Grundherrn erstreckten sich in der sog. "Cumm" (daher die Flurbezeichnung "am Kummen Weingart").

Standen die Trauben ordentlich im Wein, wurden die Wingerte geschlossen. "Verbotszeichen, an Wegen und Zugängen aufgerichtet, zeigen die Sperre an, während der die Weinberge als ein heiliges, unantastbares Gut gelten, warnen vor dem Eintritt in das Rebengelände, und besondere Wächter, Wingertschützen, schreiten durch die Berge oder Weingärten und hindern oder vertreiben Eindringlinge" (Wrede). Das Schließen der Wingerte mit Gehölzen aus Weißdorn und Akazien, die mit einem Strohwisch versehen waren, nannte man einst die "Bannung". Selbst die Winzer und Besitzer der Weingärten waren in dieser Zeit aus dem Rebgelände ausgeschlossen, verbannt. - 1959 berichtete Norbert Zerlett anschaulich: "Viele Jahrzehnte hindurch war der Botzdorfer 'Feldschötz' Brünker für die Jugend eine legendäre, gefürchtete Amtsperson, die mit ihrem Eisenknüppel jeden Traubendieb ganz jämmerlich verprügelte und sogar totschlagen würde. Mit ähnlichen Schauermärchen schüchterte man auch in anderen Orten Kinder und Jugendliche ein, um das 'Schnösen' (= Naschen) der Trauben zu verhüten." Eine solche (erfundene) Schreckgestalt war im Vorgebirge der auch heute noch nicht ganz in Vergessenheit geratene "Iepekrätzer", zu dem Adam Wrede in seinem "Neuen Kölnischen Sprachschatz" anmerkt, daß dieses Wort, das einen Zänker, Streitsucher und eine kratzlustige Person bezeichnet, in seinem ersten Bestandteil "dunklen Ursprungs" sei. In dem bereits mehrfach erwähnten Rechnungsbuch der Pfarrei Hemmerich aus der Mitte des 17. Jahrhunderts findet sich die Formulierung, daß des Pastors Weingarten mit der "Hippekratz" mindestens dreimal im Jahr umzuharken sei. Es handelte sich bei diesem Gerät wohl um eine Art Karst oder mehrzinkige Harke, vielleicht mit einer Schneide versehen, wie sie bei einer Häppe zu beobachten ist. Von diesem Ausdruck für ein typisches Winzergerät könnte der merkwürdige Begriff des "Iepekrätzers" durchaus herrühren.

Die alten Akten berichten, daß einige Zeit vor der Lese die örtlichen Gerichtsschöffen die Wingerte in Augenschein nahmen und dann den Beginn der Traubenernte festsetzten. Ausrufer mit Schellen machten in der Folge den Lesebeginn in den Dörfern bekannt. Auch Pistolen- oder Flintenschüsse galten als Startsignal. Mancherorts wurden deshalb die Kirchenglocken in einem festgelegten Rhythmus geläutet bzw. gebeiert, wie dies etwa in Gielsdorf an der dortigen Pfarrkirche Sankt Jakobus üblich war. In Roisdorf kannte man ein großes halbmondförmig gebogenes Winzerhorn, das vor der 1772 erbauten und 1884 niedergelegten Sebastianus-Kapelle geblasen wurde. Im Ersten Weltkrieg wurde dieses Instrument bedauerlicherweise bei einer Messingsammlung eingezogen. Dazu ist anzumerken, daß in vielen deutschen Weinbaugebieten solche Winzerhörner, die einem im Sauerland beheimateten Jagdhorn (dem sog. "Sauerländer Halbmond") ähnelten, benutzt wurden. Auf Schloß Johannisberg im Rheingau befindet sich ein prächtiger Wappenstein, der im Relief das Familienwappen derer von Metternich-Winneberg zeigt: Um das Stammwappen mit den drei Pilger- oder Jakobsmuscheln (die eine Herkunft dieser Familie aus dem Dorf Metternich an der Swist anzeigen) erkennt man mehrere Wappenfelder mit der Darstellung von Winzerhörnern. Das aus Buntsandstein gefertigte kunstvolle Wappen trägt die Jahreszahl 1675 (noch mit der Freiherrenkrone der später gefürsteten Familie, die sich um den rheinischen Weinbau sehr verdient gemacht hat).

Bestimmten hier die Schöffen den Beginn der Lese, so waren es dort die Vögte und Kellner. Mit dem Ende der kurfürstlichen Zeit aber wurde auch dieser angeblich veraltete Zopf abgeschnitten. In der preußischen Ära wurden im Vorgebirge Weinbergkommissionen gebildet. In Alfter bestand diese Fachkommission aus zwei gestandenen Männern, die vom Gemeinderat gewählt wurden: "Am 1.1.1880 waren der Weinbauer Matthias Schmitz und der alterfahrene Feldhüter Schlauß im Amte. Für den verstorbenen Schmitz wählte man 1884 den Weinbergbesitzer Peter Siebertz. Als Schlauß gestorben war, trat 1890 der Weinbergbesitzer und Gastwirt Johann Weber an dessen Stelle. (...) Ihm kam der Gedanke, zu der Kredenz seines vorzüglichen eigenen Alfterer Wachstums auch dampfende Platten mit frischem Spargel nebst Schinken und Eierkuchen den Blütengästen anzubieten. Schon im letzten

Viertel des vergangenen Jahrhunderts trug ihm das den Namen 'Spargel-Weber' ein, der weithin bekannt geworden ist" (Dietz/Zerlett, 1967).

Von Ort zu Ort nahm die Weinlese einen anderen Verlauf: "Der Bornheimer Lehnsherr hatte in seiner Herrlichkeit die Weingärten in sieben verschiedene Lagen eingeteilt, die numeriert waren. Mit Jauchzen und Singen zogen die Mädchen, Frauen und Kinder mit umgebundenen bunten Kopftüchern in die Weingärten, während die Männer auf Schiebekarren und Wagen die Holzbütten heranfuhren. Über den Bütten stand die Traubenmühle. In das 'Legel', einen schmalen, hohen, nach oben breiter werdenden Korb, innen ausgepicht, wurden die Trauben gelesen. Die Männer trugen das 'Legel' wie eine Kiepe auf dem Rücken zu den Bütten und kippten ihre saftigsüße Last, etwa 20 bis 30 Pfund je 'Legel', in die Mühlen. Zuletzt benutzte man weißemaillierte Eimer" (Dietz/Zerlett, 1967). In der Traubenmühle wurden die Trauben erst einmal zu Maische zerquetscht. Die Maische wurde in Bottichen aufgefangen und in die Wagenfässer bzw. Bütten gefüllt. In den Bütten und Bottichen durfte die Maische freilich nicht allzulange stehen, denn nur allzuleicht konnten dann aus den Kernen, Hülsen und Stielen Geschmacks- und Farbstoffe in den neuen Wein eindringen. So war es wichtig, die Maische spätestens am Abend zu keltern. Knarrend gingen nun die großen Waghkeltern, und glucksend rann der ausgepreßte Most aus den kleinen Pitschkeltern in bereitstehende Bütten. Bereits an der Kelter probierte der Winzer den neugewonnenen Wein. Man rechnete damit, daß zwei Zentner Trauben etwa 75 Liter Wein ergaben.

Der letzte Tag der Lese war stets ein besonderer Festtag. Der letzte geschmückte Erntewagen wurde unter Singen und Scherzen in einem geordneten, nahezu prozessionsartigen Zug zum Kelterhaus gebracht. Ein allgemeiner Umtrunk erfolgte, und alle sprachen ein Dankgebet, in das bereits die Bitte für ein kommendes gutes Weinjahr eingeflochten wurde.

*

Bezüglich der Weinlese ist aus Trippelsdorf eine geschichtliche Besonderheit zu vermelden: "Es heißt beispielsweise schon 1409 von den Kartäusern, daß sie dem Gotteshause in Trippelsdorf neben anderen Zuwendungen ein handgeschriebenes Meßbuch gestiftet hätten, und dafür durften sie als erste mit der Weinlese im 'Kusing' beginnen, einer Weinlage in der Nähe des Rochuskreuzes. Wenn wir von dem uns heute unverständlichen Vorteil der ersten Weinlese absehen, hatten sie jedenfalls ein großes Interesse daran, daß dieses kleine Kirchlein (die dem heiligen Vinzenz von Zaragoza geweihte Kapelle) funktionsfähig blieb" (Levenkaul/Meyer, "Die frühere Kapelle in Trippelsdorf").

Nach der Lese und dem Keltern des jungen Weines ruhte die Winzerarbeit keineswegs. Nun mußten die Wingerte wieder gepflegt und instandgesetzt werden. Die alten Rebzweige, die im Erntejahr getragen hatten, wurden weggeschnitten, und insgesamt wurden die Wingerte nun winterfest gemacht. Hinzu trat für die meisten Winzer das weitere Betreiben von Nebenkulturen, denn schließlich wollte die kleine Landwirtschaft (meist mit Viehhaltung) versorgt sein, und auch der Wald bedurfte ständiger Pflege. Die Vorgebirgswinzer fristeten in der Regel ein sehr hartes Leben!

Der alte Klosterrather Hof in Bornheim (Ecke Kalkstraße/Stationenweg).

1934 berichtete der aus Bornheim stammende Johann Scheben: "Die Weinberge gehörten meist zu Höfen und Gütern. Die Pächter mußten den Halben vom Wein als Pacht abgeben. Der halbfertige Weinmost mußte in Fuhrbütten nach Köln (zu den dortigen Klöstern und Stiften) gefahren werden. Oft fuhren 30 bis 40 Karren wie eine Karawane. Zum Transportschutz kamen in unruhigen Zeiten bewaffnete Wachtruppen von Köln entgegen. Nach dem Keltern wurde am Sonntag an der Kirche (auf einem Bauernstein) bekanntgegeben, der Soundso verabreicht heute aus seinem eigenen Wachstum. Der Liter kostet 20 Pfennige. Alle Dorfbewohner, selbst die anderen Weinbauern, besuchten dann diese Straußwirtschaft, wobei es bei dem neuen Feurigen oft lustig zuging." Und Josef Fuss schilderte ebenfalls 1934: "Nach der

Traubenlese steckten einige Bauern von Bornheim, die Weinberge hatten, eine Stange mit einem Strauß aus dem Fenster. Sie eröffneten eine Straußwirtschaft. Der 'Strauß' bestand aus Wacholderzweigen. Der Wacholder wuchs damals noch in den Wäldern auf der Höhe des Vorgebirges. Später hat man das Grün immer zum Räuchern des Fleisches und der Wurst geholt. Dadurch ist der Wacholder hier gänzlich ausgerottet worden. (...) Ich weiß noch, daß der 'Strauß' am jetzigen Haus Werres in Bornheim, Mühlenstraße (früher Wasserschaff) und Witwe Josef Nettekoven, Bornheim, Königstraße (Gasthof Kaiserhalle) aus dem Fenster gehängt wurde." - Straußwirtschaften, wie sie vorstehend beschrieben wurden, gibt es heute noch in allen deutschen Weinbaugebieten.

*

Aus der Feder des damaligen auf der Wolfsburg wohnenden Roisdorfer Ortsvorstehers Wilhelm Rech (1828 bis 1914) besitzen wir eine anschauliche, kulturell überaus wertvolle Schilderung des örtlichen Brauchtums, das sich seinerzeit um den Wein am Vorgebirge rankte. Rech, der auch auf dem 1900 aufgenommenen Foto von der letzten Traubenlese vor Haus Wittgenstein zu sehen ist, hat ab 1906 auf 366 Handschriftenseiten eine Chronik des 19. Jahrhunderts für seinen Heimatort Roisdorf verfaßt, die sich im Stadtarchiv Bornheim befindet und aus der wir folgendes zitieren: "Man erkannte die Qualität des neuen Weines im Herbst stets daran, wenn 'Äezebär, Bäredriever' und die ganze Begleitung hernach in froher Stimmung die Gosse küßte und kaum den Heimweg fand. Dem Wein des Vorgebirges gab der Chronist aus eigenem Erproben folgende Analyse: Da meinen die guten Leute, der Wein müßte lange Jahre hindurch im Gebinde liegen, bis er gut trinkbar wäre. Wenn man von unserem Roten am Abend mehr wie genug getrunken hatte, dann schmeckte er am anderen Morgen umso besser, und ich habe noch nie gehört, daß einem ein guter Jahrgang schlecht bekommen ist. Einmal hatten wir im Herbst beim Traubenlesen Besuch. Wir ernteten einen sehr guten Jahrgang und köstliche Trauben. Da frug der Herr mich, wann wir von dieser Ernte den ersten Wein trinken würden. Ich sagte ihm: "Sie sehen ja, wir lesen jetzt die Trauben und essen dabei. Wenn wir nach Hause kommen, dann werden die Trauben gestampft. Dann zapfen wir die Brühe ab und trinken den süßen Most. In zwei bis vier Tagen fängt die Gärung an. Dann kochen die Trauben. Dann kann man natürlich nicht trinken, bis die Gärung vorbei ist und die Trauben wieder abgekühlt sind. Dann setzen wir neue Seije (= Siebe) ins Faß und schöpfen und trinken den Neuen. So halten wir es immerfort. Getrunken wird der junge Wein, bis wir gekeltert haben. Dann kommt der Wein ins Faß. Dann wird ein Kranen dreingeschlagen und weiter getrunken, bis das Faß leer ist. Mit der Zeit ist das Jahr dann herum und dann gibt es wieder Neuen, Frischen." - Obgleich in Roisdorf 1900 die letzte Traubenlese abgehalten wurde, wissen wir dank der Aufzeichnungen von Wilhelm Rech, der 1911 seine Chronik beendete, daß es in Roisdorf im Jahr 1910 noch ganze 25 Quadratmeter gab, die mit Reben bestanden waren, und schmerzlich fügte er hinzu: "Die Weinberge sind nun verschwunden."

Die von Rech erwähnten Gestalten des "Äezebärs" (Erbsenbärs) und des "Bäredrievers" (Bärentreibers) gab es einst im gesamten Vorgebirge. Der Erbsenbär war eine ganz in Erbsenlaub eingehüllte Gestalt, die vor allem an den Karnevalstagen ihren Schabernak trieb und als ein Sinnbild des Kampfes zwischen Winter und Sommer galt. Das Ende der Weinlese artete nicht selten in ein karnevaleskes Treiben aus, so daß eine urige Gestalt wie der Erbsenbär im Winzerumzug nicht fehlen durfte.

Was nun den ersten Genuß des jungen Weines angeht, so gibt es dazu verschiedene Aussagen, und offensichtlich wurde der "Antrunk" zu unterschiedlichen Zeiten vorgenommen. In Köln wurde am Martinstag, dem 11. November also, der junge Wein verkostet. So erzählt der Kölner Ratsherr Hermann Weinsberg, wie der "Neue" am Vortag des Martinsfestes des Jahres 1553 "bis in die helle Nacht" probiert wurde. Im bäuerlichen Leben eignete dem Martinustag eine große Bedeutung, denn er war Zahl-, Zins- und Pachttag. Auf vielen Höfen des Rheinlands, gerade und vor allem im Vorgebirge, wechselte an diesem Tag das Gesinde.

In einem alten Bonner Sankt-Martins-Lied heißt es unter anderem, "dat Wöngche moß jedronke senn" (das Weinchen muß getrunken sein).

Der Vorgebirgswein wurde übrigens vom Faß in Tonkrüge abgefüllt. Dem aufschlußreichen "Annotationsbuch" des Johann Theodor Scheben (um 1759 bis 1824) aus dem "Hof in der Fußgasse" zu Merten (einem ehemals kurfürstlichen Wein- und Tafelgut, das heute noch als stattliche Hofanlage an der nunmehr so bezeichneten Wagnerstraße zu bewundern ist) sind diesbezüglich mehrere Angaben zu entnehmen. Am 2. Januar 1820 hatte Scheben "zwey Krüg weisen Wein" gekauft, am 13. Januar "ein ¼ ahm neuen Moselwein" für 8 Reichstaler 30 Stüber, am 17., 19., 22. Februar desselben Jahres je zwei Krüge Wein, sodann am 16. März 1820 "ein zulaß wein zu Hemmerich gekauft p(er) ahm 12 Kronthaler a 3 Stüber je viertel". Des öfteren nennt Scheben noch Weinkrüge zu 2, 3 und 4 Maß. Den Weinmost bezeichnet er mehrfach als "Drüb". Am 3. September 1820 erhielt er "durch die Magd 3 Maß Drüb große Maß"; am 22. September 1820 lieferte ihm Johann Carl "ungefähr 4 Maß drüb". Außer den Krügen nennt Scheben des öfteren das alte Flüssigkeitsmaß "Anker" (36 Liter). Dieser Begriff stammt aus dem mittellateinischen Wort "Anceria" in der Bedeutung 'kleine Tonne'. Hier einige Beispiele unter der Überschrift "abgeholter Wein in die Fußgaß 1819":

"Von Herbs einen ancker an Herrn Kaspar Schmitz zu Brühl / auf die Kiermes zwey ancker / den 30ten 9ber ¼ ahm durch peter linsbach einen anker mit Krügen durch verschiedene abgeholt." - Aus dem Vorgebirge wissen wir hinsichtlich der Weinkrüge um eine unmittelbare Parallele, denn auch das Roisdorfer Mineralwasser wurde in Tonkrügen abgefüllt, von denen noch etliche Exemplare erhalten sind.

Das frühere Mertener Weingut "zur Fußgasse" (heute: Wagnerstraße).

Johann Theodor Scheben, Sproß einer im Vorgebirge und Umgebung (etwa in Weilerswist) alteingesessenen Pächter- und Gutsbesitzerfamilie, bezeichnete sich selbst als "Privatmann", dessen Rechnungsaufstellung zu einem beträchtlichen Teil auf den Kauf von Bier, Brandtwein und vor allem Wein bezogen ist. Offensichtlich hatte man auf dem Hof in der Fußgasse im Juli 1819 einen besonders großen Durst. So berichtete Scheben zunächst von dem Normalmaß der Fässer hinzuzufügenden Wein aus Marsdorf, "um den letzten voll zu bekommen" und deshalb "beigeschütt" wurde, nämlich "4 zuläß und ein ahm, einen zulaß und zwey anker aus dem Klesam", so daß "am 4 Julli abgehohlt waren siebenzehn viertel ahm und 32 Krüg". Vom 5. bis zum 12. Juli kaufte Scheben einen Krug bzw. mehrere Krüge mit Wein, die jeden Tag von einer anderen Magd bzw. einem anderen Knecht besorgt werden mußten: "den 5ten durch alowisius eine Krug / den 6ten durch Maria Margrathen eine Krug / den 8ten durch grädchen eine Krug / den 9ten durch Ferdenand 2 Krüg / den 12ten durch paptis eine große Krug welche ungefehr 6 Krüg hält / den 13ten durch Ferdenant Linsbach ¼ ahm." Das Annotationsbuch enthält noch eine ganze Reihe solcher Weinbestellungen, z.B. für den 21. Oktober 1819 "durch Ferdenant Linsbach ¼ ahm Hemricher" (= Wein aus Hemmerich). Der "Privatmann" Scheben war, wie die angeführten und von ihm selbst gewissenhaft verzeichneten Beispiele belegen, durchaus kein Verächter des edlen Rebensaftes! Sein Rechnungsbuch bezeugt jedoch auch, daß er ein großzügiger Wohltäter der Armen war. So hatte er 1821 12 Gulden, 5 Reichstaler und 24 Stüber ausgelegt, "vor die Stutten der armen Kinder zu backen." In diesem selben Jahr machte er weitere Ausgaben: "Vor eine sechs wochen meeß vor H(errn) pastor 30 Stüber und dabei 40 Brod unter die Armen vertheilt / Kosten mit Backerlohn 3 Rthlr (Reichstaler) 15 Stüber."

Insgesamt ist das Annotationsbuch vom Anfang des 19. Jahrhunderts eine aufschlußreiche wirtschaftsgeschichtliche Quelle, der gerade aus Merten zahlreiche weitere Quellen zur Seite stehen, die uns dank der unermüdlichen Arbeit der beiden Mertener Heimatforscher Franz Levenkaul und Hans Meyer vorzüglich erschlossen sind. Es handelt sich dabei um das Londorfer Pacht- und Zinsregister aus dem 15. Jahrhundert, das Trippelsdorfer Schatzbuch von 1790, acht Mertener Kirchenrechnungsbücher sowie andere hervorragend transkribierte Archivalien, die Merten, Trippelsdorf und Rösberg betreffen.

Schatz, "nasser Zehnt", Pachtgeld, andere Abgaben sowie Weinakzise

Vielfältig und oft drückend waren die Abgaben, die von den Vorgebirgswinzern zu leisten waren. Zunächst mußten sie von ihren Wingerten gemäß der Anzahl der Rebstöcke bzw. der Größe des vermessenen Areals den sog. "Schatz", eine landesherrlich festgesetzte Grundsteuer, entrichten. Das aus Trippelsdorf erhaltene Schatzbuch von 1790 (Abschrift 1804) ist in dieser Hinsicht eine einzigartige Quelle, aus der ein paar Beispiele zitiert seien: "Wilhelm Kahrkirchen an weingarts grund tut schatz im kleinen pflegtgen aus einem halben viertel zwey dritte theil an forren zu der sonnen wittib Jacob Ranckenberg von der sonnen mathias Klein, noch das dritte theil an den zwey gebrüder aus zwey morgen thut stohn schatz 8 hlr" (= Heller)./ "Hennes schäffer nimmt an von Paulus Bursch drey pinten und den achten theil auf einen pinten so gelegen buschwärts langst die scheelgaß vergeloßen nach der sonnen Christ Dux thut weingarts schatz 3 ½ hlr."

Im Weistum der Herrlichkeit Alfter aus dem Jahr 1623 wird unter Punkt 13 ausdrücklich bestimmt, daß alle "eingesessenen Untertanen", die entweder mindestens ¼ Weingarten oder einen Morgen an Ackerland ihr eigen nannten, schatzpflichtig seien.

*

Vom 29. August 1698 stammt ein Verzeichnis der Bornheimer Weingärten, für die damals Zehntfreiheit geltend gemacht wurde. Vor einem Herrn Dr. Hamechers "binnen Cöllen" erschienen die einzelnen Winzer, um ihre jeweilige Erklärung abzugeben. Einige Beispiele sollen dies illustrieren: "Noch habe der Niclass Schmitz selbsten ein Vierthel Weingarts under dem Ranckenbergh ligendt zehendfrey, so nit allein von unbedencklichen Jahren keinen Zehendt gegeben, sondern auch vor mehr dann 50 Jahren einem Hospital binnen Cöllen als zehendfrey gerichtlich verschrieben worden." / "Mattheis Bogen undt Jacob Audingh 11 Viertel Weingarts insgesambt ahm Zimet zehendfrey zu haben, mit vermelden, dass solcher Freyheits erinnerungh im Bornheimischen Schatzbuch geschehen." / "Jacob Wesselingh sagt 11 Vierthell Weing. Undt Grundts oben Botzdorf auffm Filssen undt Rössel genandt zehendtfrey zu sein von seinen Voreltern her."

*

Die Abgaben waren der unterschiedlichsten Art und lassen sich wenigstens zum Teil aufgrund althergebrachter Gewohnheitsrechte erklären. So vermerkte beispielsweise Pfarrer Müncks aus Rösberg um 1760: "Frackenbachs erben Bolligshoff muß wegen 4 pinten grund am Koplisch rheim geben 2 pinten fahrwein auf ostertag." Von einem Wingert im sog. "Wachsmann" zu Rösberg hatte ebenfalls um 1760 Michael Röttgen 4 ½ Heller als Schatz zu zahlen. Vom Anfang des 17. Jahrhunderts stammt folgende auf Bornheim bezogene Angabe: "Die Jufferen Zum Judden geben unss jhars fünff fierthel weins von anderthalb vierthell weingarts genat dat Carthuserchen gelegen in der Broichflachten under dem Ludenschorn ahn einer seith die Herrn von Steinfeldt, zur ander seidten dass Hospitalss zu Groß St. Merten Weingart in Cölln."

Vom 3. September 1464 stammt eine Urkunde, der zufolge vor den Schöffen des Dingstuhls Waldorf eine gewisse Neese van Aere ihrer ehelichen Tochter Cathryne verschiedene Wingerte in der Waldorfer Hetterflacht ("neben Belregut und Meyssgut") als rechtmäßiges Erbteil vermacht. Diese Wingerte waren "pflichtig in das Faß von Sankt Peter in der Kirche zu Waldorf". Ferner verschrieb sie ihrer Tochter weitere Rebparzellen an der Luyte (also am Lethenberg), die auf den Suydermannshof pflichtig waren. Dasselbe Dokument führt noch eine ganze Reihe weiterer Weingärten an, die allesamt anderweitig abgabenpflichtig waren, zum Beispiel den Nonnen des Stiftes Dietkirchen sowie dem Bornheimer Burgherrn Scheiffarth von Merode. Die Urkunde ist ein aussagekräftiges Beispiel für alte Erb- und Lehensbräuche. Außerdem enthält sie zahlreiche Waldorfer Flurnamen (so die Bezeichnung "Seesmar" = Siegesmaar: ein Maar am ehemaligen Waldorfer Siechenhaus auf der Höhe, südwestlich von Üllekoven). Schon 1353 waren Waldorfer Wingerte (in der "Joedengasse" = heutige Bergstraße; "in der Louchen" = heutiger Lücherweg; "in der Proffen" und "in der Hettenvlachten") genannt worden, die dem Landesherrn, also dem Kurfürsten von Köln, bzw. dem Kölner Kloster Mariengraden sowie Meister Albert von Hachenburg abgabenpflichtig waren.

Von einem Hemmericher Weingarten "genant der Bergfalter" hatte ein Johann Schmitz aus Waldorf um 1660 dem Pastor von Hemmerich ein Viertel Wein als jährliches Deputat zu liefern.

Aufschlußreich ist auch das Pacht- und Zinsregister des zu Merten gehörenden freiadeligen Hauses Londorf, das ab dem Jahr 1443 geführt wurde. So heißt es etwa für das Jahr 1456: "Item tzo Kardorp gylt eine halff erve van eyme stucke Wingartz hinder dem zynde hoeve" (hinter dem Zehnthof von Sankt Kunibert zu Köln). / "Item der alde schulert tzo roisberg eyn halff firdel kornß van eyme stuck Wingartz in der kleyne flaichten." / "Item hentz wynrichs gilt noch eyne tunn weins van eyme stuck Wingartz by der Karthuser schmiede." / "Item der selve Claißen in der Clappermoll gilt 3 sester weiß 2 Capuyn van Wyngart in der dael vlachten." Bezogen auf das Jahr 1472 vermeldet das Londorfer Pacht- und Zinsregister u.v.a.: "Item Aille in der Carduseren hove aß van yrme andeyle van deme halven morgen wyngartz in der myddelflachten gilt jairs an Wyrtzen 8 vierdel." " / "Item heyn in der hellen van eyme stucke Wyngartz by der Carthuser Schueren gilt an Wyne 1 thune."

Einer Urkunde vom 2. November 1296 ist zu entnehmen, daß das Brühl-Kierberger Kloster Benden seinen "schatzfreien" Hof zu Kardorf durch den Ankauf von 5 ½ Morgen Acker vergrößern konnte. In einer späteren Abschrift heißt es kommentierend, daß der damalige Kölner Erzbischof dieses Ackerland wie auch die Kardorfer Weingärten des Klosters "von einiger beschwärnuß der schatzung" befreit habe. - Der Schatz wurde also durchaus auch von der Obrigkeit als Last eingeschätzt! - Bezüglich des Jahres 1705 findet sich in den Akten des Klosters Benden folgende auf den Schatz gemünzte Angabe: "Von Walpurberger güthern gibt das closter oder deßen weingärtner in allem 1 gulden 11 albus schatz. Nemblig von haus auf dem Schallenberg 12 albus; das andere wird gegeben von denen örtger, welche in der alter description specificirt seyndt."

⁅Eine bedeutende Abgabe der Pachtwinzer des Vorgebirges bestand im sog. "nassen Zehnten", also der Abgabe einer bestimmten Menge an Wein. Im Gegensatz dazu bestand der "trockene Zehnt" aus Getreide; er wurde auch "Kornzehnt" genannt. Zur Erhebung des nassen Zehnten schickte der Grundherr den Zehntheber, der die Weinernte in Augenschein nahm. Ihn begleitete der Einnehmer, der die Hälfte (nicht etwa nur den zehnten Teil!) des Traubenertrags einzog, denn die Pächter waren sog. Halfen oder Halbwinner, die grundsätzlich die Hälfte ihrer Ernte abzuliefern hatten. Von dieser Regel gab es indessen einige seltene Ausnahmen. Eine am 8. September 1344 ausgefertigte Urkunde des Brühler Klosters Benden berichtet, daß die Äbtissin Agnes sowie der Konvent dieser geistlichen Institution dem Simon von Hemberch (= Hemmerich) 3 ½ Viertel Rebland im "Dalewincgardin" zu Trippelsdorf, dem Henkin genannt Juchmann ½ Morgen unterhalb der 3 Viertel der Burg Hemmerich ("castrum sive domus de Hemberch"), dem Heinrich genannt Swayf ½ Morgen ebendort, der Druda, Witwe eines gewissen Lonys von Waldorf, 1 Viertel in der Hemmericher "Kirchvlachten" (innerhalb der Wingerte der Äbtissin des Bonner Stiftes Dietkirchen) gegen Abgabe der dritten Traube verlehnt hatten. Die Weinabgabe war "in natura" bei der Kelter des Bendener Weingartshofs zu Kardorf abzuliefern. Von anderen Weingärten des Klosters Benden war die Hälfte des Traubenertrags abzugeben.

⁅Ein Jakob Hartmann aus Waldorf-Üllekoven mußte um 1660 von einem Weingarten "schießt langs die Ullingkover gaß" der Kirche zu Hemmerich als der Eigentümerin dieses Wingerts jährlich sechs Pfund Zwiebeln ("öllig sechß pfundt") an Pacht bezahlen.

⁅Wie muß man sich die meist in Wein bzw. Trauben bestehende Naturalabgabe vor Ort vorstellen? "Neben der 'Bütte' des Weingärtners wurden gleich zwei andere, die 'Zehntbütte' und die 'Herrenbütte' angefahren, und von zehn angefüllten 'Legeln' des fleißigen Pächters wurden zuerst fünf oder sogar sechs in die anderen Bütten gekippt und die restlichen fünf oder vier in die eigene" (Zerlett, 1959). Robert Thomas berichtet mit Blick auf das südliche Vorgebirge: "Im Zusammenhang mit dem Weinzehnt von St. Cassius (Bonn) im Bereich von Gielsdorf und Oedekoven werden in der Steuerdescription des Jahres 1449 ganze zehn Fuder Wein als Ertrag des Weinzehnts steuerlich angeschlagen. Nach einer Quelle des 18. Jahrhunderts erstreckte sich der Weinzehnt des St. Cassiusstiftes auf 64 ½ Morgen zehntpflichtige Weingärten in den Gemarkungen Gielsdorf und Oedekoven für den freiadligen Zehnthof Gielsdorf. Aber weitere Zehntrechte des St. Cassiusstiftes über 8 Morgen Weingärten und die Summe der zehntfreien Weingärten des freiadligen Zehnthofes in Gielsdorf, der in Gielsdorf gelegenen geistlichen Stifte sowie allodialer Güter müßten hinzu gerechnet werden, um eine Gesamtan-

baufläche des Weinbaues für diese Gemarkungen ermitteln zu können"
(1978).

In Alfter besaß das Kapitel des Bonner Stifts Sankt Cassius ebenfalls seit alter Zeit den nassen Zehnten. Er wurde natürlich nach dem sog. "Bonner Maß" berechnet, für das am Niederrhein der Begriff "Alfterer Maß" stand. Danach faßte 1 Fuder 852 Liter zu 6 Ohm; 1 Ohm entsprach etwa 142 Liter zu 21 Viertel; 1 Viertel entsprachen ca. 7,2 Liter zu 4 Quart. Das Quart war eine Füllmenge von 1,8 Liter. Das war in der Regel der Inhalt einer Kanne bzw. eines Krugs für den Ausschank.

Das Weistum des Kölner Domkapitels zu Walberberg vom 17. Mai 1577 (das Domkapitel besaß in Walberberg ein stattliches Gut, den sog. Dom- oder Fronhof) enthält an einigen Stellen Angaben zum Wein. So wird die "kelnerei zu Walpurberg" ausdrücklich erwähnt. An den drei jährlich abzuhaltenden "gebotenen" Gedingen (also zu den Gerichtssitzungen der Schöffen bzw. Geschworenen) wurde den Anwesenden stets eine bestimmte Menge an Wein gereicht. Unter Punkt 14 des 1635 erneuerten Weistums heißt es ausdrücklich: "Dergleichen ist auf jedem hofgeding ein hochwürdiges tumbcapitul den geschworen ein Viertel weins zu geben verpfplichtet." - Abschnitt 24 der Urfassung dieses bedeutenden Rechtsdokuments bezieht sich auf den "nassen Zehnten", wenn es heißt: "Belangend die nasse pechten oder weinpechten weisen die geschworenen, das geschworene herren schuldig sein sollen dieselbe zu Cadorf, Waldorf, Alffter und Hemmerich selbst zu gesinnen und uf ihre kösten holen zu lassen mit einem wagen uf der gemeinen straassen gesatzt, daselbst dann die pechter die wirtz lieberen und brengen sollen (...); wer alsdan saumig wäre und nicht lieberten, wannehe der wagen dohe (da) halt, und der also den kellner und gesanten ufhalten, derselb soll schuldig sein seine pacht folgends zu Berg (Walberberg) zu lieberen, alles uf verlust und anspruch der guter und zuschlag derselben gewachsenen güteren." Außerdem waren die Geschworenen gehalten, "den bau der weingarten fleißig an(zu)schauen" (Absatz 27), um zu erkennen "so am meisten graben, gürden, plotzen, sticken oder proffen".

Außer dem Schatz, dem nassen Zehnten und anderen Naturalabgaben hatten die Pächter nicht selten für ihre Grundherrschaft mannigfache Hand- und Spanndienste zu leisten. Von der unentgeltlichen Lieferung von Weinbergpfählen, den sog. "Rahmen" oder "Röhm", war bereits weiter oben die Rede. - Die kleinen Pachtwinzer - und das war die überwiegende Anzahl der Vorgebirgsweinbauern - mußten also hart arbeiten, um überhaupt vernünftig über die Runden zu kommen. Geschenkt wurde ihnen nichts.

Zum Schluß dieses Kapitels noch ein Wort zur sog. Weinakzise: Alte Urkunden, Akten und Ortsweistümer aus dem Vorgebirge geben uns Aufschluß über den Verkauf des Weines, der entweder steuerfrei war oder einer Akzise unterlag. Die Akzise war eine reine (indirekte) Verbrauchssteuer auf den Weinverkauf und den Ausschank von Wein.

Das zwischen 1595 und 1600 erneuerte Weistum der Herrlichkeit Rösberg, dessen Urfassung von 1304 stammte, bestimmte, daß die "naesse pacht" der Rösberger Herrschaft auf die Burg zu liefern sei, und zwar dann, wenn "gott den herbst gift". Was aber den Ausschank des eigenerzeugten Weins betraf, so wurde festgelegt: "Dis dorf Roeßbergh ist zappens frei." Jeder Rösberger Winzer durfte also seinen eigenen Wein zu jeder Zeit abgabenfrei ausschenken. Das Weistum der Herrlichkeit Alfter bestimmte beispielsweise, daß jeder Alfterer Weinbauer vom Herbst an bis zum "hoch fasten abendt", also dem Fastnachtsdienstag, "sonder Angst und Gefahr" seinen Wein feilbieten durfte, und zwar akzisefrei. Für die Weinschänken gab es eigene Vorschriften (dazu später in einem gesonderten Kapitel). Die Schöffen des Dingsstuhls Waldorf, der sich über Waldorf mit Üllekoven, Kardorf und Hemmerich erstreckte, legten beispielsweise 1528 verbindlich nieder, daß "alle gemeinen einwöhner zappens frey" seien. Wir scheinen es hier also mit einem alten Gewohnheitsrecht zu tun zu haben, das auch für Gielsdorf verbürgt ist, denn einem dortigen Weistum von 1672 gemäß war es den Gielsdorfer Winzern gestattet, frei ihren Wein auszuschenken und dazu Brot zu reichen. Die Verbindung zwischen Wein und Brot, zwei "klassischen", elementar zusammengehörigen Nahrungsmitteln, die ja auch und gerade in der Eucharistie eine Rolle spielen, wird hier besonders sinnfällig.

In der preußischen Zeit wurde der freie Ausschank von Wein strengen Bestimmungen unterworfen (siehe dazu weiter oben). Von der sog. Moststeuer war bereits die Rede. Am 9. November 1836 schrieb Bürgermeister Strick, der die Bürgermeisterei Sechtem leitete, an den Landrat des Kreises Bonn, Eberhard von Hymmen: "Ackersmann Michel Düx, Merten, ist gesonnen, seinen noch vorrätigen Wein in Kleinem aus dem Haus zu verzapfen und bittet um Gewerbegenehmigung für einen Monat." Der in Angelegenheiten des Weinbaus äußerst gestrenge Landrat beschied, daß Düx nicht der Gewerbesteuer unterläge und seinen eigenerzeugten Wein in seinem eigenen Hause akzisefrei verzapfen dürfte. Michael Düx hatte sein prächtiges Weingut in Fachwerkbauweise im Jahr 1812 errichten lassen. Man kann sich vorstellen, daß Michael Düx damals einen Wacholderstrauß an seinem Anwesen aufhing, um die Kundschaft zum Verkosten seines vorjährigen Rotweins anzulocken. Vielleicht bedurfte es des von Düx beantragten Zeitraums von einem Monat gar nicht, um der neuen Ernte wieder Platz in den Fässern zu schaffen.

Ähnliche Gesuche wurden in der ersten Hälfte des 19. Jahrhunderts auch von Breniger und Bornheimer Winzern gestellt, die alle aktenkundig geworden sind. Sämtlichen diesbezüglichen Anfragen wurde übrigens stattgegeben. Die einzige Bedingung bestand darin, den Wein selbst erzeugt zu haben und ihn im eigenen Anwesen auszuschenken. Schon 1674 heißt es für die Rösberger Winzer, daß sie ihren eigenen Wein "in dero eigenen gehöchteren (= Häusern) frey undt ohn zwangh vor jedermann abzappen" durften.

Streit und Ärger um die Erhebung des Bornheimer Weinzehnten

Hin und wieder gab es Streit und Ärger um die gerechte Erhebung des Weinzehnten, worüber wir in historischen Schriftstücken nachlesen können. Aus der ehemaligen Herrlichkeit Bornheim sind uns gleich mehrere solcher Streitfälle in anschaulicher Form überliefert:

"Anno 1477, als Ritter Gerhardt Scheiffart von Merode Herr und Vogt zu Bornheim war, entstand plötzlich große Unruhe und Empörung. (...) Die ganze Flur unterhalb des heutigen 'Maibroichs' bis zum 'Siefenfeldchen' bestand damals aus Weingärten. Die vier Terrassen dort am Vorgebirgsabhang kennzeichnen heute noch die Lage dieser Weingärten. Das ganze Gebiet trug den in Vergessenheit gekommenen Flurnamen 'Im Ludenschorn'. Ganz unerwartet hatte Graf Peter von Salm-Reifferscheidt auf Schloß Alfter, zu dessen Areal bis 1792 auch Roisdorf gehörte, den 'Ludenschorn' in Besitz genommen und von den Bornheimer Winzern, deren Weingärten dort lagen, Zehnten und Schatzgeld gefordert. (...) Ritter Gerhardt, ob dieser Übergriffe sehr empört, beschied den alten Halfen des Bornheimer Fronhofes, der St. Cäcilien in Köln gehörte, die Scheffen seiner Herrlichkeit und die ältesten Männer der Dörfer vor die Gerichtsbank, die im untergegangenen Ort Hordorf unter einer mächtigen Linde (vor dem heutigen 'Jägerhof') stand. Auch die schon damals als über 100 Jahre alt bezeichneten Zehntbücher ließ er herbeiholen und aufschlagen. Zunächst wiesen die Bücher genauestens aus, daß die Weingärten 'Im Ludenschorn' seit undenklicher Zeit zur 'Herrlichkeit Bornheim' gehörten. Dann wurden die Winzer aufgerufen, von denen Graf Peter widerrechtlich Abgaben forderte. Stengen Webers, Geret Wasbender, Hentz und Jacob Omen, Gereyt Metellen, Hentz Gremen, Peter Hennes und viele andere bekundeten feierlich, daß sie den nassen Zehnten (...) und den Schatz immer nach Bornheim abgeliefert hätten. Der 'Alte Rosenauer', Halfe des Fronhofes, schilderte, daß er viele Jahre den Bornheimer

Zehnten erhoben habe. Darin seien die Weingärten 'Im Ludenschorn' einbegriffen gewesen" (Zerlett, 1959). Insgesamt waren damals 56 Personen erschienen, die allesamt die Zugehörigkeit des Ludenschorn zur Herrlichkeit Bornheim bekräftigten. Ein Bannbegang, auch Limitenumgang genannt, schaffte endgültige Klarheit: Das strittige Rebgelände gehörte wirklich zu Bornheim, so daß der Alfterer Grundherr das Nachsehen hatte und nicht umhin konnte, klein beizugeben. Die 1477 überprüften bzw. festgestellten Bornheimer Gemarkungsgrenzen wurden übrigens von der preußischen Verwaltung 1815 im Kataster festgeschrieben; sie gelten bis auf den heutigen Tag!

Die Weinbergslage "Ludenschorn" wurde in dieser Schrift bereits mehrfach erwähnt. Bisher steht eine Deutung dieses Namens noch aus. Nach meinem Dafürhalten liegt hier eine Variante zum Namen "Proffwingert" vor, denn mit "Luden" sind möglicherweise die "Lod(d)en" gemeint, die für Alfter 1768 als "Lotten" bezeichnet werden. Es handelt sich um Zweige einer Rebe, die einen neuen Trieb bilden, der, in die Erde gesteckt, einen neuen Weinstock hervorbringt. Das mittelhochdeutsche Wort "schorre" bedeutet soviel wie 'Stütze'. Da der Ludenschorn an einem terrassierten und somit abgestützen Hang lag, wo sich auch ein Wingert namens "Kadderet" (1472 belegt) befand, scheint mir diese Erklärung plausibel zu sein. "Kadderet" geht auf lateinisch "cataracta" in der Bedeutung 'steiler Weinberg' zurück.

*

Um die Hebung des nassen Zehnten in der Herrlichkeit Bornheim entbrannte 1694 ein erneuter Streit. Ein im Landeshauptarchiv Koblenz aufbewahrtes Protokoll (Abteilung 54, Nr. 659) erteilt darüber Auskunft. Hier sein Wortlaut: "Nachdem der hochwohlgeborener Freyfrawen Ottilia gebohrener von Reuschenbergh verwittibter Freyinnen von Walbott, Fawen zu Bornheimb undt mit Frawen zu Heimertzheim p. verschiedene Klagten wegen des über diess Jahr 94 beschehener Zehndhebens vorkommen, hatt dieselbe mich Entbenennten Kayserlichen Notarium annebens dess ehr- und achtbaren Jakoben Wesselingh, Statthalteren zu sich auf das Hauss Bornheimb beschieden, dabey auch die ältesten Menner dieser Herrschaft comparirt, dieselbe befragt, wie es vor fünfzig und mehr Jahren mit den Trauben und Weinzehenden vorpassirt were; darauff antwortet Peter Kersch achtzig jährigen Alters: dass Einer genandt Jonas hirhin in den Herbst geschickt worden, umb den Zehnden zu empfangen, hatte derselbe verschiedene Lehnsträger bestellt, welche an den Weingarten mit Trauben gestanden, mit den Leuthen anordirt und nach eingegangenen Vergleich mit dem Lehnt Empfangen und in verschierdene Büdten, so Er Jonas in die Fleychten auff Kahrren setzen lassen, getragen, und wehren die Trauben alle in den Fronhoff gefahren worden, welche Lehnsträger jeder Kost, Lohn und ein paar newer Schue bekommen, welche auch die Trauben im Fronhoff keltern müssen, nach Abgang gem. Jonas were Herr Johannes den Zehndten zu sammeln kommen, welcher vielleicht umb Sparungh der Kösten umb Wein zu anodiren mit den Leuthen angefangen, aber mehr nit alss ein Viertel Weinss von der Ahmen erhoben, nach Abgangh Herren Johannes wehren H. Schwan umb den Zehnden zu colligiren kommen, so auch zimbliche Jahre den Naessen Zehnden collegirt aber ferners nicht als ein Viertel Weins von der Ahmen erhoben; diesenach referirt Mattheiss Brewer zu Derstorff wohnhafft sieben und siebenzig jährigen Alters, Peter Kersch, simili modo Jacob Decker seines Alters siebentzigh Jahr welcher sagt: dass vielle Jahren in hiesiger Herrschaft gewohnet, undt es also gesehen wie obenges(agt) geschehen. Auch selbsten mit den H(erren) Collectoren Decimarum (= Zehneinehmer) sich vergleichen erscheindt letztens Johan Francken neun und siebentigsten jährigen Alters, saggt, dass in hiesiger herrlichkeith geboren und erzogen, könnte andersten nit referiren, dass den Traubenzehenden in den Weingarthen empfangen und in den Fronhoff gefahren, dasselbst dass Cloister S. Carcilien das grosse Kelterhauss desfalls dahin bauen lassen, Nachgehentz allss Herr Johann den Zehnden collectirt hatte derselbe es auff eine andere weiss angestellt, mit den Leuthen umb Wein zu nehmen accordirt, jedoch es bei einem Viertel Wein von der Ahmen bewenden lassen, nach folgende Zehndthäber alss in specie H. Schwann denselben imitirt gleichwoll etwass scherffer und hoher sich angemasset. Nun aber bei nach den zehnden Viertel zu heben sich nit entferben dahn dasjenige wass forderen beinahe alles anschreiben und ohne einige Nachlass quod scriptum (= was nach den Aufzeichnungen) die Leuth geben müssen, dass aber die Leuthe so grosse Kösten anwenden, so schwäre Kriegslüst tragen, und nit so vielen Gelt pressuren ausgeschopft werden in keine Conside ration ziehen, womit obengem. Deponenten ihre Kundtschaften beschlossen. Dannhero hab auff Ihro Gnaden requisition solche relationes: welche sie mittel Aydts zu bedäuren erpieti: auf Papier pring und Ihrer Gnaden Frawen zu Bornheimb communicare sollen, deren sie sich gehörigen orts bedienen wirdt, sic actum auffem Hauss Bornheim, Anno 1694 den 7. 9bris." - Beglaubigt wurde dieses sprachlich recht barocke Dokument von dem "Notarius" Heinricus Knifler. - Der Name Kniffler ist im Raum Bornheim, bes. in Dersdorf, noch geläufig. An der Waldorfer Straße erhebt sich noch das sog. "Kneffelers-Höffje", ein ehemaliges Weingütchen, wie es sie im Vorgebirge noch hier und dort gibt.

Zusammengefaßt, besagt das Dokument folgendes: Als der Zehntheber Schwann sich anschickte, den Weinzehnten bedeutend höher zu veranschlagen als bisher, wurden der verwitweten Burgherrin von Bornheim diesbezügliche Klagen vorgetragen. Ihre Untertanen beschwerten sich, so daß die Burgherrin eine Untersuchung und Klärung veranlaßte. Diese Untersuchung fiel zugunsten der Bornheimer Winzer aus, die sich bis zu jenem Jahr von den früheren Zehnthebern gerecht behandelt gefühlt hatten. Leider wissen wir nicht, welcher abschließende Bescheid den Klägern gegeben wurde. Es ist zu vermuten, daß er positiv, also gegen Schwann, ausfiel. Man erkennt, daß sich die damaligen Lehensnehmer, Pächter und Untertanen keineswegs alles gefallen ließen, sondern gegebenenfalls ihre angestammten Rechte geltend zu machen wußten. Der Unterstützung seitens ihrer Herrschaft durften sie dabei gewiß sein. Norbert Zerlett äußerte sich 1959 zu dem hier im Original beschriebenen Streit wie folgt: "Nicht wie sein Amtsvorgänger, der 50 Jahre zuvor tätig gewesene Einnehmer Jonas, oder der spätere leutselige Burgvikar und Rechner Johannes Commer, der aus Merten gebürtig war und 1682 bis 84 als Kaplan im Kloster Schillingskapellen lebte, verhandelte H. Schwann mit den Weinpächtern. Nein, er schätzte kurz und kräftig und veranschlagte nach eigenem Gutdünken und willkürlichem Ermessen. Die Herbstknechte machten kurzen Prozeß, bemächtigten sich der Naturalpacht und trugen die Trauben sogleich in die 'Herrenbütten', die zum großen Kelterhaus gefahren wurden. Die Burgherrin vernahm die Empörung. Sie ließ daher den ehr- und achtbaren Statthalter Jakob Wesseling und vier weitere erfahrene Dorfälteste zu sich auf das Burghaus rufen. Aus ihrem Munde hörte sie die berechtigten Klagen ihrer Untertanen, die auch ihre Frondienste, Zehntabgaben, Huldschatzungen und besonders die nahezu erdrückenden Kriegslasten durch die über 20 Jahre währenden französischen Kriegszüge in den linksrheinischen Landen eingehend schilderten." - Der Protest der Bornheimer Pachtwinzer schien nicht verhallt zu sein. Einem sog. "Observanzenbuch" vom Jahr 1736 entnehmen wir nämlich, daß es zu einem anderen Verfahren zur Festsetzung des Weinzehnten gekommen war: "Ehe diese Weinpacht gehoben wirdt, pflegen vier Gerichtsscheffen und vier gemeine Mann commitirt zu werden, um vor dem Herbst die Weingärten zu besichtigen, und den Weinpacht nach jeder Flecht helfen anzuschlagen; der Gerichtsbott muß diesen Gang wegen etwaiger Vorfallenheit mit verrichten."

*

Das 18. Jahrhundert hält gerade für Bornheim eine Fülle an auf den Weinbau bezogenen Dokumenten bereit. So wissen wir beispielsweise um den Ertrag des Jahres 1759. In der "Revision der 1759iger Wein Creszenz, so geschehen unterm 28ten 9bris 1759" wird die Lagerung des Roisdorfer, Bornheimer, Botzdorfer und Dersdorfer Weins aufgelistet. Hinzu trat eine bestimmte Menge Weines aus Hersel und Buschdorf. Insgesamt lagerten damals in etlichen Fässern 24748 Liter Wein im Keller unter der 1735 erbauten und 1872 abgebrochenen Donatuskapelle im Park der Burg, im Keller unter dem "newen Bau", also dem 1731 fertiggestellten Schloß Bornheim, das im Stil einer sog. "Maison de Plaisance" nach französischem Vorbild vielleicht nach den Plänen des westfälischen Barockbaumeisters Johann Conrad Schlaun erbaut worden war, sowie im Keller unter der Schloßwaschküche. Die überwiegende Weinmenge stammte aus Botzdorf und Dersdorf. Das aufschlußreiche Verzeichnis führt auch zwei Positionen "Säuerlinger" auf, also einen Wein minderer Qualität. Bei dieser Weinkreszenz handelte es sich um die Erträge aus den Weingärten der Burgherrschaft sowie um den eingezogenen Pachtwein. Da die Fässer kölnische Röderzeichen trugen, wurde also nach dem sog. "Kölner Maß" die Füllmenge für ein Ohm berechnet, nämlich 156 Liter.

Ehemalige Weinhäuser zwischen Alfter und Walberberg

Soweit der Vorgebirgswein nicht nach Köln, Bonn oder anderswohin verkauft wurde, verblieb er in den hiesigen Ortschaften, wo er dem Eigenverbrauch diente oder in Straußwirtschaften ausgeschenkt wurde. Freilich gab es auch in einigen Dörfern Gaststätten, die als Weinhäuser bezeichnet wurden und in Akten und Urkunden hinreichend dokumentiert sind.

Einem Weistum der Herrlichkeit Alfter vom Jahr 1520 zufolge bestand ein solches Weinhaus in Alfter "op der Kehren". Das heutige Gasthaus "op de Kier", selbst bereits ein historisch zu nennendes Anwesen, ist der Fortsetzer dieses früheren Weinhauses. Im damals zur Herrschaft Alfter gehörenden Roisdorf erhob sich ebenfalls ein Weinhaus. Es lag "op dem Sande", d.h. an der heutigen Bonner Straße, einem früheren von Bonn nach Aachen führenden Handels-, Heer- und Pilgerweg. Zahlreiche durstige Menschen werden dort eingekehrt sein. Das Alfterer Weistum bestimmte, daß die Schankwirte den Wanderern und "lüsternen Weibern" (= schwangeren Frauen) stets Weißbrot (Wecken) und weißen sowie roten Wein feilhalten mußten. Da der Alfterer und Roisdorfer Wein jedoch nicht gänzlich in diesen beiden Orten abgesetzt werden konnte, sondern nach Schloß Dyck bei Grevenbroich, dem Stammsitz der Grafen von Alfter, geschafft wurde, gab es dort auch ein im 17. Jahrhundert erbautes Weinhaus, das übrigens heute noch besteht.

Ein weiteres Weinhaus war offensichtlich die traditionsreiche Gaststätte "Zur Eiche" in Hemmerich, gegenüber der dortigen Burg. Im 18. Jahrhundert findet sich im Zusammenhang mit dem Hemmericher Weinbau der Flurname "up Eichens drei Morgen", der darauf anspielt, daß hier Wingerte für den Eigenbedarf der Gaststätte lagen. - Hemmerich wurde übrigens schon

1225 urkundlich im Zusammenhang mit dem Weinbau erwähnt: Nach einem Einkünfteverzeichnis der im Vorgebirge einst stark begüterten Abtei Klosterrath (Südlimburg, hart an der Grenze zu Herzogenrath bei Aachen) hatte ein Amelungus von Merreche (gemeint ist das heutige Brühl-Kierberg) der Abtei jährlich zwölf Denare an Pacht für einen Wingert in Hemmerich ("Himberg") zu zahlen.

Im Hebebuch der Ritter von Quade ist für das Jahr 1443 in Trippelsdorf ein Weinhaus nachgewiesen, was keinesfalls verwundert, da dieser Nebenort von Merten eines der bedeutendsten Winzerdörfer des gesamten Vorgebirges war. Ein gewisser Theis war gehalten, auf einem genau bezeichneten Trippelsdorfer Grundstück zu "bauwen eyn Huys van driy Sytens nemelichen eyn Wein Huys ind dat in gudem buwe halden aß gewoynlich is". Das Weinhaus sollte also in der Form eines Dreiseithofs erbaut und stets ordentlich gepflegt (in gutem Bauzustand) gehalten werden.

Das wohl älteste Weinhaus des Vorgebirges lag in Walberberg. Es wird 1388 im Zusammenhang mit dem Erwerb des Fronhofs und des heute noch bestehenden sagenumwobenen "Hexenturms" durch das Kölner Domkapitel aufgelistet, und zwar ausdrücklich als Zubehör zu diesen als Erbgut gekennzeichneten Immobilien: "Dat wynhus alda". Das Kölner Domkapitel besaß in Walberberg die Grundherrschaft (dazu weiter unten mehr).

*

Weitere Weinhäuser in der ferneren Umgebung sind in Flerzheim an der Swist im Jahr 1558, in Hürth-Kendenich im Jahr 1756 sowie rechtsrheinisch in Niederkassel-Mondorf im Jahr 1522 nachgewiesen. Das Flerzheimer "freie Weinhaus" gehörte dem Johann Schall von Bell und hieß "die Kleier". Das Kendenicher Weinhaus lag nahe der Burg, und das Weinhaus des ehemaligen Winzerortes Mondorf lag in der früheren Kirchgasse, der heutigen Provinzialstraße, gegenüber dem Gasthof Schlimgen. Dem Status Mondorfs als einem früheren Winzerort entspricht nicht von ungefähr das örtliche Kirchenpatrozinium, denn Laurentius gilt als typischer Winzerpatron.

Ob Waldorf einmal ein Weinhaus hatte, läßt sich allenfalls vermuten. In einem der stattlichsten Weingüter des Vorgebirges, dem Rodenkirchener Hof am Waldorfer Hühnermarkt, ist eine Schnapsbrennerei bzw. Destillerie für Branntwein (18. Jahrhundert) nachgewiesen. Hier befand sich eine der ältesten Gaststätten des Dorfes. Sicherlich wurde in diesem historischen Anwesen auch Wein ausgeschenkt. Die zwei früheren Schankstuben des Rodenkirchener Hofs trugen im örtlichen Volksmund die auf die bäuerliche Bevölkerung bezogenen Namen "Reichstag" (für die "deftigen" Bauern) und "Landtag" (für die kleineren Ackerer und Pachtbauern). Vor einigen Jahren konnte der Verfasser dieses Büchleins noch die zerfallenen alten Weinfässer im gewölbten Weinkeller dieses in Waldorf als "Haus der fünf Giebel" bezeichneten schiefergedeckten Anwesens bestaunen.

*

In seiner Abhandlung "'Und also die ganze Woche ein grosses Gesaufte war' - Aspekte oberschichtlicher Trinkgewohnheiten im Rheinland vom 17. bis zum 19. Jahrhundert" (Volkskunde an Rhein und Maas, Heft 1 / 1994) stellt Gunther Hirschfelder fest: "Täglicher Alkoholgenuß in den eigenen vier Wänden gehörte für erwachsene und jugendliche Rheinländer vor allem männlichen Geschlechts im 18. und 19. Jahrhundert zum Alltag. Am Festtag trank, wer es sich leisten konnte, auswärts im Wirtshaus." - In einem ehemaligen Weinbaugebiet wie dem Vorgebirge verwundert es kaum, daß etliche Zeugnisse für starken Alkohol-, vor allem Weingenuß vorliegen. Sie stammen überwiegend aus Alfter. Der von 1624 bis zu seinem Tode 1643 in Alfter als Seelsorger wirkende Hilger Düren sah sich beispielsweise zu folgender beim Grafen von Alfter eingereichten Beschwerde genötigt: An Sonn- und Feiertagen, so habe er beobachten können, hätten schon manche Alfterer "voll auf der gemeinen Gasse und auf dem Mist gleich den unvernünftigen Tieren" gelegen. Erinnern wir uns der Worte des damaligen Roisdorfer Ortsvorstehers Wilhelm Rech, der mit Blick auf den Weinbau des 19. Jahrhunderts zu Roisdorf formuliert hatte, daß so manch einer "die Gosse geküßt" hätte, weil er zuviel des neuen Weines genossen hatte. - Man geht wohl kaum fehl in der Annahme, daß in alter Zeit die Trinksitten des Vorgebirges zum Teil recht derb gewesen sind. Wein, Branntwein, Schnaps und Bier waren lokale Produkte, die am Ort ihre Liebhaber fanden!

Die traditionsreiche Johannisminne

In der rechten Nische des linken, neugotisch geschnitzten Seitenaltars der Gielsdorfer Pfarrkirche Sankt Jakobus steht eine polychrome Statue des Evangelisten Johannes. In der Hand hält Johannes einen Weinbecher, dem sich eine züngelnde Schlange entwindet. Im späteren Mittelalter werden, vor allem unter dem Einfluß der apokryphen Apostelgeschichte, legendäre Züge erkennbar, wobei in der christlichen Ikonographie besonders in Deutschland Johannes mit dem Giftbecher gezeigt wird. Der Legende zufolge entwich nämlich dem Kelch dieses Evangelisten während eines Gottesbeweises vor

Ungläubigen das Gift eines solcherart präparierten Weines in Form einer Schlange. Es handelt sich dabei um das Ergebnis eines Gottesurteils vor dem Oberpriester von Ephesos, Aristodemos. Dieser Götzendiener hatte dem heiligen Johannes einen vergifteten Becher zum Trinken gereicht, mit dem Ansinnen, das Christentum anzunehmen, falls der Evangelist den Wein ohne Schaden für seine Gesundheit ausleere. Wer nun am 27. Dezember die Minne (= Liebe) des heiligen Johannes trinkt, ist das ganze Jahr über gefeit vor Vergiftung, Behexung und anderem Übel. Den Weinbauern galt das Wort: "Die Minne des Johannes ist der Segen des Winzermannes!" Deshalb wird der heilige Johannes als Schutzpatron der Winzer verehrt. Da Johannes in der Ikonographie recht selten als Einzelfigur auftaucht, haben wir es in Gielsdorf mit einer wirklichen Besonderheit zu tun: Dort wurde Johannes von den örtlichen Weinbauern als ihr Patron verehrt. Das Hauptpatrozinium Jakobus' des Älteren ist lediglich in zweiter Linie mit dem einstigen Weinbau in Gielsdorf verknüpft.

Oedekoven, 27.Dezember 1998: Vor der aus Gielsdorf ausgeliehenen Statue des heiligen Johannes des Evangelisten steht der zu segnende Johanniswein, genannt "Johannisminne".

Am 27. Dezember 1998 ließ Pfarrer Georg Theisen den Brauch der Johannisminne in Oedekoven in der dortigen Pfarrkirche Sankt Mariä Himmelfahrt wiederaufleben: Am Altar stand vor dem Ambo die aus Gielsdorf ausgeliehene Statue des Evangelisten Johannes. Davor gruppierten sich zahlreiche Rotweinflaschen mit dem Etikett "Johannisminne", die vor dem allgemeinen Segen gesegnet wurden. Die Weinflaschen werden im Laufe des Jahres zu besonderen Anlässen verschenkt.

Auch in der Badorfer Pfarrkirche Sankt Pantaleon finden wir eine Darstellung des Evangelisten Johannes mit dem Attribut des Bechers. Das wohl aus dem 18. Jahrhundert stammende Ölgemälde befand sich zunächst in der alten Sankt-Anna-Kapelle zu Badorf, die wir unter Vorbehalten als Winzerkapelle einstufen können (vgl. dazu im folgenden Kapitel).

Was aber hat es mit der in der Kapitelüberschrift genannten "Johannisminne" auf sich? Nach allgemeiner Auffassung der Winzer mußte der junge Wein an Weihnachten im wahren Sinne des Wortes "glasklar" sein, denn dann kostete man ihn nicht mehr nur aus Krügen und "Mötchen", also kleinen Zinnbechern, sondern aus Gläsern. So fiel dem 27. Dezember, dem Johannistag, eine besondere Bedeutung zu, die theologisch und volkskundlich aufschlußreich ist. Bis zur Aufgabe des Weinbaus in Bornheim brachten die ortsansässigen Winzer am Johannistag zur Frühmesse Krüge und Flaschen eigenerzeugten Weines mit. Der Wein wurde auf der Kommunionbank aufgestellt. Nach der heiligen Messe segnete der Pfarrer den neuen Wein, dann traten alle Gläubigen an die Kommunionbank, wo ihnen der Geistliche bzw. der Küster aus einem Ziborium den Wein in einem Becher zum Kosten reichte. Dabei sagte der Pastor: "Trinke die Liebe des heiligen Johannes." Es wird berichtet, daß einige Dorfbewohner sich mehrmals in die lange Reihe der vor der Kommunionbank Wartenden einfädelten, um in den Genuß dieses Gratistrunks zu kommen. Die gesegneten Weinflaschen und Weinkrüge wurden anschließend nach Hause gebracht, wo man dann ehrfürchtig in jedes gefüllte Faß einige Tropfen goß. Den Rest verwendete man üblicherweise als Krankenwein. Während in Bornheim die Johannisminne bis etwa um 1900 getrunken wurde, hielt sich der Brauch in Hersel noch bis 1904. In Gielsdorf hingegen, wo sich der Weinbau des Vorgebirges noch bis kurz vor Ausbruch des Ersten Weltkriegs halten konnte, hat sich der schöne Brauch am längsten gezeigt. - Urkundlich ist das alte Brauchtum der Johannisminne für Bonn in den Jahren 1636 bis 1645 dingfest zu machen. Der Johanniswein wurde in der Remigiuskirche gereicht. An diesem Tag bekamen die Chorsänger insgesamt sechs Quart Wein (10,8 Liter).

Mutter Anna als Winzerpatronin in Bornheim und vielleicht in Badorf

Neben dem ersten Pfarrpatron Sankt Servatius wird in Bornheim die heilige Mutter Anna als Zweitpatronin verehrt. Vor einem halben Jahrtausend erlebte die Anna-Verehrung im gesamten Vorgebirge eine ganz außerordentliche Blüte, da im Jahr 1500 die Kopfreliquie der Mutter Mariens von Mainz nach Düren übertragen worden war, das seither Hauptort der rheinischen Anna-Verehrung ist. Bis 1212 hatte das ehemalige Sankt-Anna-Kloster zu Alfter diese bedeutende Reliquie besessen. Auf der Ecke Bannweg / Heerweg erhebt sich genau an der Ortsgrenze zwischen Brenig (-Bisdorf) und Waldorf (-Üllekoven) ein bereits 1477 erwähntes Heiligenhäuschen der Mutter Anna. In Sechtem entstand kurz nach 1500 eine Anna-Bruderschaft, die in der alten Pfarrkirche innerhalb einer Chornische einen eigenen Altar besaß, an dem einmal die Woche das heilige Meßopfer gefeiert wurde.

Einer alten Urkunde zufolge hatte die "Wittib Scheiffart von Merode, Elisabeth Beissel von Gymnich, Herrin zu Bornheim", am 5. "Spurckel" (Februar) 1505 für die Pfarrkirche zu Bornheim einen großen Mutter-Anna-Altar mit vier Wochenmessen gestiftet. Seither ist die Heilige die "Patrona secundaria" von Bornheim, wie es auf einer 1865 gegossenen Kirchenglocke heißt. Eine wohl aus der Zeit der Stiftung stammende und kunsthistorisch wertvolle polychrome Figur dieser Heiligen befindet sich unmittelbar links vom Hauptaltar. Dargestellt ist die Heilige mit ihrer Tochter Maria als Tempelschülerin. In der erhobenen rechten Hand hält sie die vergoldete sog. Erstlingstraube der neuen Weinernte. Bewußt wurde Anna in Bornheim als Patronin der Winzer verehrt, wohlwissend, daß das Attribut der Traube theologisch mehrschichtig ist. So gilt Christus als der wahre Weinstock, und die Jünger sind die Reben. Der Weinberg versinnbildlicht die Kirche und die Gläubigen. Christus in der Kelter etwa ist im Mittelalter eine unmittelbare bildliche Vorstellung zum Abendmahlwein als Blut Christi. - Die Weintraube der Mutter Anna kann als *allgemeines* Fruchtbarkeitssymbol aufgefaßt, aber auch als Anspielung auf ihren späteren Enkel Jesus verstanden werden, der ja von sich selbst sagen sollte, daß er der Weinstock (des Lebens) sei. In Bornheim wurde dieses Attribut indessen immer konkret auf den örtlichen Weinbau bezogen. Somit erhielt die heilige Mutter Anna hier den Rang einer Winzerpatronin, deren Segen und Fürsprache die Weinbauern erflehten.

Auffällig ist, daß das barocke Triumphkreuz in der Bornheimer Pfarrkirche mit Weinranken unterlegt ist. Auch die dortigen Beichtstühle zeigen als Verzierung rankende Reben. Diese Häufung von Weinattributen dürfte kaum ausschließlich theologisch zu begründen sein, sondern unmittelbar mit dem einstigen Bornheimer Weinbau zusammenhängen.

Der südliche Seitenaltar der Pfarrkirche Sankt Pantaleon zu Badorf birgt eine aus der Zeit um 1500 stammende (neuangeschaffte) Darstellung der Mutter Anna, eine hervorragende kölnische Arbeit. Sie ersetzt eine 1988 in die barocke Sankt-Anna-Kapelle zurückgekehrte etwa 400 Jahre alte Darstellung der "Anna Selbdritt" (also die Mutter Anna *selbst* sowie ihre Tochter Maria mit dem Jesuskind darstellend).- Im Jahr 1469 erfahren wir erstmals von einer in Badorf bestehenden Sankt-Anna-Kapelle, die dem Kölner Kloster Sankt Pantaleon gehörte, das in Badorf seit dem Jahr 965 mit einem Hof und etlichen Liegenschaften, darunter mehreren Wingerten, begütert war. Das Patrozinium dieser mehrfach auf- und umgebauten Kapelle (die *Pfarrkirche* mußten die Badorfer bis zur Fertigstellung ihrer eigenen Pantaleonskirche anno 1897 im benachbarten Pingsdorf besuchen) läßt uns aufhorchen. Hier scheint nämlich wie in Bornheim diese Heilige als Patronin der Winzer verehrt worden zu sein. Das vom Kölner Kloster Sankt Pantaleon eingesetzte Patrozinium wurde offensichtlich ganz im Hinblick auf den Badorfer Weinbau gewählt. Dazu schrieb Herbert Kerz 1997: "Für die ersten Jahrhunderte seiner Erwähnung ist der Badorfer Weinbau mehr oder minder stark mit der Geschichte des Abtshofes verknüpft. In den nachgelassenen Akten des Klosters Sankt Pantaleon findet sich u.a. ein Vertragstext aus dem Jahre 1230", der das Vorhandensein eines Weinberghüters dokumentiert und und außerdem festhält: "Den Leuten, die zur Weinlese nach Badorf ('Bedorp') kommen, soll der Villicus (= Hofvorsteher) Speis und Trank geben. Da er (der Villicus) den in Badorf gekelterten Wein auf seine Kosten in unseren Keller (in Köln) bringen muß, ist er von der Abgabe für die Armen, sowie von der Ablieferung von Honig befreit." - Der Badorfer Wein wurde, wie Kerz darlegt, schon einige Jahre zuvor erwähnt: 1224 "hatte der Abt Heinrich von Camp in seinem Testament angeordnet: '... *außerdem haben wir bestimmt, daß jeden Sonntag den Brüdern auf Wunsch gereicht werde Wein aus dem Weinberg zu Bedorp, den wir nach seiner Verwüstung neu anlegen und bepflanzen ließen...*'"

Da in der Badorfer Sankt-Anna-Kapelle auch ein jetzt in der Pfarrkirche sich befindendes Ölbild des Evangelisten Johannes hing, das den Heiligen (wie in Gielsdorf) mit dem Attribut des Weinbechers zeigt, gewinnt die Vermutung, die Sankt-Anna-Kapelle könnte einmal eine Winzerkapelle gewesen sein, zunehmend an Gewicht.

In der Sankt-Anna-Kapelle in Rommersdorf (Bad Honnef) wird eingedenk einer alten Winzertradition am ersten Weihnachtsfeiertag der Sankt-Anna-

Wein nach dem Gottesdienst verkostet. Auch hier wird seit Jahrhunderten die heilige Mutter Anna als Patronin der (Siebengebirgs-) Winzer verehrt.

Die Verehrung des Winzerpatrons Urbanus in Badorf

Im Jahr 1683 ließ der damalige vom Kölner Kloster Sankt Pantaleon eingesetzte Kaplan und Pfarrverweser von Badorf und Pingsdorf, der Benediktinerpater Caspar Kirchhoff, auf dem sog. "Danzplan" (wo früher die Dorffeste gefeiert wurden) im Badorfer Ortsteil Geildorf eine Kapelle zu Ehren der Heiligen Dreifaltigkeit und des heiligen Abtes Maurinus errichten. Dort wurde der Überlieferung zufolge besonders der heilige Urban als Winzerpatron verehrt. Der heilige Papst und Märtyrer Urbanus (gestorben anno 230) ist ein echter Winzerpatron. Sein Fest am 25. Mai fällt in eine für die Entwicklung des Weinstocks wichtige Zeit. Dann nämlich stehen Traubenblüte und Fruchtansatz unter seinem besonderen Schutz. Im Bonner Münster ist ihm der seit 1327 nachgewiesene, später so genannte Krippenaltar geweiht. Dieser Altar war zum Beispiel in Urfeld mit Weingärten dotiert, die 1617 bezeugt sind. Eine alte Winzerregel lautet: "Hat Urbani Sonnenschein, gibt es viel und guten Wein." Die am Festtag des Urbanus stets festlich geschmückte Geildorfer Kapelle hatte nicht lange Bestand. Sie wurde bereits um 1765 niedergelegt. An ihrer Stelle bzw. in ihrer Nähe erhebt sich seit 1767 das festlicherhabene Prozessionskreuz auf der Ecke Alte Bonnstraße / Eckdorfer Mühlenweg. Im Volksmund heißt dieses Frömmigkeitsdenkmal "Geildorfer Kreuz" und "Außemskreuz" (das Kreuz steht auf dem Grundstück der Familie Außem).

Johannes Stüsser, Heimatforscher in Badorf, teilt zur ehemaligen Urbanus-Verehrung mit: "Der Badorfer Abtshofpächter schmückte zum Sankt-Urbanus-Tag die Kapelle mit Birkengrün, Blumen und Fahnen. Ein Franziskanerpater aus Brühl hielt beim Festgottesdienst die Predigt. Nach der Festmesse mußte der Kirchmeister (Rendant) aus dem Kirchenfonds für den Prediger, Pfarrer, Küster und Meßdiener auftischen lassen. Es wurden gereicht 6 Krüge Wein, Fleisch für 10 Mark, Gewürze für 10 Albus, Butter für 1 Gulden und Weißbrot für ½ Gulden. Bei der damals großen Kaufkraft des Geldes ergab sich ein sehr üppiges Mahl."

Laurentius, Winzerpatron im südlichen Vorgebirge

Die Mutterpfarrei für Bonn-Duisdorf (Sankt Rochus), Oedekoven (Sankt Mariä Himmelfahrt), Gielsdorf (Sankt Jakobus der Ältere) und Alfter (Sankt Matthäus) ist Sankt Laurentius zu Bonn-Lessenich. Der dortige Pfarrpatron Sankt Laurentius ist ein herausragender Winzerheiliger, der nachweislich bereits im Mittelalter in Lessenich verehrt wurde. Die Kirche zu Lessenich wird urkundlich am 31. März 1131 erstmals erwähnt. Sie wird damals bereits mehrere hundert Jahre alt gewesen sein und einen fränkischen, vielleicht sogar römerzeitlichen Ursprung haben. Die Pfarrkirche, ein Kleinod dörflicher Romanik, unterstand der Propstei des Bonner Stiftes Sankt Cassius und Florentius, das im hohen Mittelalter alle Rechte an dieser Pfarrei besaß. Das Zehntrecht vergab die Bonner geistliche Institution an adelige Lehensnehmer. Um 1275 war Ritter Florekin von Lessenich Lehensnehmer des Zehntrechts in den Gemarkungen von Lessenich, Oedekoven, Impekoven und Gielsdorf. Dazu gehörten über acht Morgen an Weingärten. - Laurentius starb 258 den Märtyrertod. Sein Festtag am 10. August wird besonders von den Winzern begangen. Angerufen wird er von den Weinbauern insbesondere für das Gedeihen der Trauben. Im südlichen Vorgebirge genoß Laurentius, der auf einem alten Ölgemälde in der Pfarrkirche zu Lessenich mit seinem Attribut, dem Rost, dargestellt ist, eine allgemeine Verehrung als überörtlicher Winzerpatron.

Der frühere Weinbau in Trippelsdorf, das sagenumwobene Schloß Montjoie und das Winzerpatrozinium des heiligen Vinzenz von Zaragoza

Hinsichtlich des früheren Weinbaus stellt Trippelsdorf allein aufgrund der Fülle an historischen Dokumenten einen Sonderfall dar. An einigen Stellen dieser Schrift wurden bereits diesbezügliche Einzelheiten genannt.

Bereits die Ersterwähnung des Dorfes erfolgte 1126 im Zusammenhang mit der Nennung des dort gelegenen Weingartens "Dalewingart" (siehe weiter oben). 1885 faßte Pfarrer Maaßen zusammen: "Erzbischof Arnold I. nennt unter den Besitzungen der Abtei Siegburg, welche diese der von ihr abhängigen Propstei Zülpich überließ, einen Weinberg zu Trevelsdorf 1140. In dem Vergleich Friedrichs I. von Blankenheim mit Gerlach von Limburg vom

Jahre 1267 verzichtet Letzterer auf alle Güter, welche Graf Heinrich von Sayn zu Ahrweiler und Saffenberg besaß, vorbehaltlich des Schlosses Montjoie zu Trippelsdorf, der Güter Merten und verschiedener anderer. Am Freitag nach Pfingsten 1470 empfing Graf Kuno von Manderscheid von Erzbischof Ruprecht von Köln das vordem Blankenheimsche Lehen, den Weinzehnten zu Trippelsdorf" sowie weitere Güter.

Es waren vor allem die Kölner Kartäuser, die Jesuiten (die den ehemaligen Mönchshof besaßen), der Landkomtur an Sankt Katharina zu Köln, der den Hubertushof sein eigen nannte, sowie verschiedene andere geistliche Institutionen, die Weingärten und Winzerhöfe in Trippelsdorf besaßen. Der Pächter des Hubertushofs hatte beispielsweise die Hälfte der jährlichen Weinkreszenz nach Köln zu liefern. Durchschnittlich bestand seine Pacht in 50 Ohm Wein.

Von verschiedenen Schuldnern aus Trippelsdorf bezog der Vikar von Rösberg ein Fuder "Chürwein". Die Saumseligkeit des damaligen Kirchenvorstandes hatte zu jenen Schulden geführt. Der Kürwein blieb, wie Franz Levenkaul und Hans Meyer 1984 berichteten, "so lange im Keller der Lieferpflichtigen liegen, bis der Inhaber dieses Zehnten sich aus den vorliegenden Qualitäten die für ihn passende herausgesucht, 'gekürt' hatte. Wenn nun die zuständigen Leute diese Auswahl versäumten, kann man den Trippelsdorfern nicht verdenken, daß sie hier schwiegen, da sie ohnehin nicht mehr so recht wußten, aus welchem Grunde sie diese Abgabe an die Vikarie zu Rösberg zu leisten hatten. Den übrigen Zehntpflichtigen winkte indessen nicht das Glück, daß die Schlamperei der Verantwortlichen sie von ihren Lasten befreite, denn anno 1782 lesen wir in den Protokollen des Mertener Schöffengerichtes, die im Stadtarchiv Brühl aufbewahrt werden, die Beschwerde eines Trippelsdorfer Bürgers, daß der Bürgermeister den 'Chürwein' zwar eingezogen, aber von 1780 an noch keineswegs bezahlt habe. In der kurz darauf anbrechenden Franzosenzeit wurden dann alle diese 'Herrenrechte' abgeschafft."

*

Das weiter oben erwähnte Trippelsdorfer Schloß Montjoie, von dem wir leider keine nähere Kenntnis haben, dürfte wahrscheinlich ein Rittersitz gewesen sein. In den Jahren 1171 und 1256 sind die Namen Reinerus und Theodoricus de Trevenestorp bzw. Lotharius de Trevensthorp belegt. Offensichtlich sind dies Namensträger eines Adelsgeschlechtes, das sich nach dem Ort Trippelsdorf benannte. Ihr "auf hohem Grunde" (Maaßen, 1885) gelegenes Schloß Montjoie (= "Bergfreude" / "Freudenberg"), das urkundlich nur ein einziges Mal (1267) dokumentiert ist, könnte ein Weinbergschlößchen gewesen sein. Die in der Eifel gelegene Burg, das 1217 erstmals erwähnte "castrum Monioie" (Monschau) gehörte damals den Herzögen von Limburg. Da Gerlach von Limburg 1267 als Eigentümer des Trippelsdorfer Schlosses Montjoie genannt wird, dürfte die Bezeichnung dieses Trippelsdorfer Domizils direkt vom Namen der Monschauer Burg herrühren.

Maaßen meinte 1885 bezüglich des Gotteshauses von Trippelsdorf: "Über die Entstehung dieser Kapelle schwebt undurchdringliches Dunkel." Erbaut war sie aus Bruchsteinen des Römerkanals, der aus dem Raum Nettersheim in der Eifel bis nach Köln führenden römischen Wasserleitung, die einen großen Teil des Vorgebirges querte und auch durch Trippelsdorf führte. Maaßen vermutet nun, daß die Kapelle ihren Ursprung zu Zeiten der ersten mittelalterlichen Ritter gehabt haben wird. Die älteste Kapelle und das Schloß bzw. die Ritterburg Montjoie bildeten höchstwahrscheinlich eine Einheit. Ob in römischer Zeit am Ort von Burg und Kapelle ein Heiligtum der Weingottheit Silen gestanden hat, konnte bisher nicht nachgewiesen werden. Über den römerzeitlichen Ursprung des Trippelsdorfer Weinbaus besteht indessen kein Zweifel, wie weiter oben eingehend dargelegt wurde.

Die 1398 erstmals urkundlich erwähnte Kapelle zu Trippelsdorf, die mit einem eigenen Kirchensymbol sogar auf der Hogenberg-Karte von 1583 eingezeichnet ist, stand stets in einem spannungsgeladenen Verhältnis zur Pfarrkirche von Merten, denn Trippelsdorf zählte immer zum Pfarrsprengel von Sankt Martinus. Die Begriffe "Kapelle" und "Kirche" wurden nicht selten ausgetauscht. 1480 und 1651 wird das Gotteshaus ausdrücklich als "Kirche" bezeichnet. - Zunächst war das sakrale Bauwerk, wie bereits angedeutet, offensichtlich eine Eigenkapelle der Ritter von Trippelsdorf, die auf der benachbarten Burg Montjoie saßen. Später (nach einem eventuellen Neubau) scheint das Kirchlein in den Besitz der Kölner Kartäuser übergegangen zu sein, da 1409 von "yrer Capelle allda zu Trevelstorp" die Rede ist. Die Kartäusermönche genossen das Privileg, als erste in Trippelsdorf mit der Weinlese beginnen zu dürfen. Dafür hatten sie der Trippelsdorfer Bevölkerung das Recht eingeräumt, die Kapelle quasi wie eine Pfarrkirche benutzen zu dürfen. Daraus ergab sich eine konfliktreiche Entfremdung von der *eigentlich* zuständigen Pfarrkirche im Hauptort Merten.

1873 wurde die Kapelle zu Trippelsdorf abgerissen. Aber genau 125 Jahre später bzw. 600 Jahre nach ihrer Ersterwähnung, 1998, wurde mit ihrem Neuaufbau begonnen. Am 1. Mai des Jahres 2000 soll das sich jetzt im Bau befindende Kirchlein eingeweiht werden, für das am 17. Oktober 1998 der Grundstein gelegt worden war. Ein maßstäbliches Holzmodell des ortsgeschichtlich so bedeutsamen Bauwerks hat der Mertener Heimatforscher Franz Levenkaul angefertigt.

Die Kapelle zu Trippelsdorf steht unter dem Patronat des heiligen Vinzenz von Zaragoza, der auf einem erhalten gebliebenen Türbalken der früheren Kapelle aus dem Jahr 1673 namentlich neben dem Mertener Pfarrpatron Sankt Martinus genannt ist. Vinzenz war ein recht volkstümlicher Winzerpatron. Aufgrund des Datums seines Festtages (22. Januar) galt er als typischer Terminheiliger insbesondere der Weinbauern. So lautet eine alte Wetterregel: "Vinzenzi Sonnenschein bringt Frucht und guten Wein." Der Name des Heiligen (eines Märtyrers, der um 304 starb) wird volksetymologisch gern zu lateinisch "vinum" (Wein) gestellt. Diese Namensähnlichkeit führte ganz allgemein dazu, Vinzenz als Patron der Winzer zu verehren. Gleichwohl wären auch Urbanus, Johannes der Evangelist oder Laurentius würdige Trippelsdorfer Winzerpatrone gewesen. Warum nun ausgerechnet der heilige Vinzenz? Die Wahl dieses im weiten Umkreis seltenen Patroziniums (durch die Ritter von Trippelsdorf, durch die Kartäuser?) könnte mit seiner wichtigsten Reliquie, der Tunica, zusammenhängen, die zunächst in der am Ebro gelegenen spanischen Stadt Zaragoza aufbewahrt worden war und dann von König Childebert I. im Jahr 531 ins Frankenreich übertragen wurde, wo sie - wie von theologischer Seite her vermutet wird - "offenbar eine Art sakrales Gegenstück zur Cappa des hl. Martin von Tours bildete" (L. Schmidt, *Lexikon für Theologie und Kirche*). Da nun in Merten der heilige Martinus (mit dem Attribut des geteilten Mantels, der Cappa) Schutzpatron der Kirche ist, könnte im Sinne einer 'attributiven Ergänzung' der heilige Vinzenz als unmittelbar benachbarter Schutzpatron gewählt worden sein. Solche Zusammenhänge waren den Menschen, vor allem den theologisch Gebildeten, in früheren Jahrhunderten ganz geläufig. - Derartige 'attributive Ergänzungen' liegen möglicherweise auch in Gielsdorf (Sankt Jakobus mit der Muschel / Sankt Margaretha mit der Perle) und Rösberg (Sankt Markus mit dem Löwen / Sankt Agnes mit dem Lamm) vor. Hier hat letztlich die patrozinienkundliche Spezialforschung das Wort.

Passionskreuze an früheren Weingütern (mit besonderer Berücksichtigung des Dersdorfer Herrenleichnamsgutes und des Altenberger Hofs zu Kardorf)

In Oedekoven, Dersdorf, Kardorf, Walberberg, Schwadorf und Badorf gibt bzw. gab es hölzerne Passions- oder Arma-Christi-Kreuze in unmittelbarer Nachbarschaft zu früheren Winzergehöften und Weingärten. Diese Zeugnisse einer einst sehr starken Volksfrömmigkeit zeigen - über die Kreuzesbalken verstreut - ikonographisch programmhaft die Leidenswerkzeuge ("arma") der Passion Christi: Dornenkrone, Nägel, Lanze usw. Das von Christus für die Menschheit vergossene Blut setzte man gern in Beziehung zum Wein. Der auf diesen aussagestarken Kreuzen an zentraler Stelle sichtbare Kelch zum Auffangen von Christi Blut ist der metaphysisch zu verstehende Weinbecher, den sich der Winzer im übertragenen und natürlich auch 'eigentlichen' Sinne immer gern gefüllt vorstellte. Die Passionskreuze des Vorgebirges waren echte Winzerkreuze, denn es ist auffallend, daß ihr jeweiliger Standort ausschließlich an oder unmittelbar in der Nähe von Weingütern und Weingärten zu beobachten ist. - Schauen wir uns die einzelnen Kleindenkmäler einmal an, die teilweise auch die Funktion eines Grenzkreuzes hatten!

In die Mauer eines früheren Oedekovener Winzergehöftes am "Wegscheid" eingelassen, befindet sich ein solches Passionskreuz, das flankiert wird von zwei links und rechts unmittelbar anschließenden Bildfeldern, auf denen die Gesetzestafeln des Moses sowie zwei Schlangen sichtbar sind, deren Symbolik ("seid klug wie die Schlangen") augenfällig ist. Das Gehöft diente einst auch als Pilgerherberge für die Wallfahrer, die in einem großen Bogen von Lüftelberg über Volmershoven, Witterschlick, Impekoven und Oedekoven weiter Richtung Swister Türmchen zogen, einem volkstümlichen Heiligtum in der nördlichen Gemarkung von Weilerswist, wo die drei heiligen Jungfrauen Fides (Glaube), Spes (Hoffnung) und Caritas (Liebe) seit alters her verehrt werden.

*

Das Dersdorfer Arma-Christi-Kreuz an der oberen Breniger Straße stammt von 1793, dem letzten Jahr des kurkölnischen Staates, bevor die französischen Revolutionstruppen die linksrheinischen Gebiete besetzten. Die Stifter des 1960 nach der ursprünglichen Vorlage von Konrad Dick erneuerten Holzkreuzes waren laut Inschrift im Querbalken Peter Pütz und Catharina Wasserschaffs, Pächterehepaar des Dersdorfer Weingütchens des Kölner Klosters Herrenleichnam. Das formschöne Kreuz befand sich einst auf der Fassade dieses nicht mehr bestehenden Gehöftes, gut sichtbar im Winkel zweier Straßen. Geschaffen hatte das Kreuz der Bornheimer Stellmacher Johann Walraf, der damals bei seinem Onkel Peter Pütz als Weingartsknecht diente. 1807 wurde Walraf zum ersten festangestellten Lehrer der damaligen Gemeinde Bornheim-Brenig; 1814 ernannte man ihn zum Ortsvorsteher. Nach ihm ist die Bornheimer Johann-Walraf-Schule benannt. Der in Metternich Geborene und in Dersdorf Aufgewachsene lebte von 1771 bis 1853. In seiner Autobiographie berichtet er: "In den beiden Jahren 1793 bis

1794 diente ich bei meinem Oheim Peter Pütz zu Dersdorf; der hatte fünf Morgen Weinberg an einem Stück am Haus, ohne die 12 Pinten, welche in den Flächten von Dersdorf, Waldorf und Cardorf herum lagen."

Am 23. März 1481 und am 13. April 1481 wurde der den Kölner Fronleichnamsmönchen gehörende Dersdorfer Wingert "up dem Noevell" erwähnt, der bereits weiter oben erklärt wurde. Das nach einem früheren Besitzer genannte Weingut "Drommeren" der Kölner Mönche bestand u.a. 1599 aus drei Morgen an Weingärten. Für das Jahr 1747 ist belegt, daß dieser Hof von seinen zu Dersdorf gelegen Weingärten 12 Viertel Wein an die Kirche zu Brenig abzuliefern hatte.

*

Das auf den 30. Mai 1768 datierte Passionskreuz, das Heinrich Giersberg 1949 durch ein schlichtes Steinkreuz ersetzen ließ, war von den Jesuiten neben ihrem damals gehörenden Weingut Altenberger Hof gestiftet worden. Urkundlich faßbar wird dieser inmitten eines römischen Trümmerkomplexes gelegene Hof anno 1449. Das heute noch in Teilen bestehende historische Anwesen ist als für das Vorgebirge ganz typisches Weingut anzusprechen. Es gehört dem Typ der am halben Hang des Vorgebirges gelegenen isolierten Weingüter an, von denen es einst eine ganze Anzahl gab. In dieser Hinsicht ist es etwa mit dem 1967 abgebrochenen "Gütchen" in Brenig-Bisdorf vergleichbar. Der zu Kardorf zählende Altenberger Hof ist das einzige ehemalige Weingut dieser Art, das die Zeiten bis auf den heutigen Tag überdauert hat.

Im Jahr 1591 faßten die Jesuiten (das "Collegium Societatis Jesu in Cöllen") Fuß im Vorgebirge. Der aus dem bayerischen Hause Wittelsbach stammende Kurfürst und Kölner Erzbischof Ernst dotierte die Gesellschaft Jesu am 21. März 1591 mit reichem Besitz in Walberberg (Klosterhof / Rheindorfer Burg = Sitz des Klosters), Trippelsdorf (Mönchshof, erstmals erwähnt 1323), Kardorf und Dersdorf (Feldhof, 1671 als "Weingartzhauß" bezeichnet). Denn der seit 1583 als Erzbischof amtierende Ernst zeigte sich als ehemaliger Zögling der Jesuiten, deren Orden der Baske Ignatius von Loyola 1540 in Spanien gegründet hatte, diesen oft als "Soldaten Christi" bezeichneten Mönchen gegenüber äußerst wohlgesonnen. Der Altenberger Hof, dessen Name auf den steilen Vorgebirgshang und die über diesen führende römische Straße von Köln nach Trier deutet ("ad montem ALTUM" = 'am hohen Berg'), war ein ausgesprochenes Weingut, das inmitten von Weingärten lag. Der Hof war in Halbpacht gegeben, und die Wingerte wurden von besonders ausgebildeten Weingärtnern bearbeitet. 1599 war Johannes Feinhals Verwalter und Pächter dieses Gutes. 1669 erscheint ein "Theviß ahm

Aldenberge Jesuiter Halfmann". Von den 25 Morgen Weingärten war ein Teil der Kirche zu Rösberg zehntpflichtig. 1775 wurde der Hof nach einem Brand teilweise neugebaut. Damals war die in Hemmerich ansässige Familie Heugabel Pächter des malerischen Weingutes.

*

Das geschichtsträchtige Dorf Walberberg wartet mit zwei Passionskreuzen auf, dem sich am Ortseingang von Schwadorf (Ecke Bonner Straße / Flechtenweg) ein weiteres Exemplar aus neuerer Zeit (1988) anschließt. Dieses von Josef Vehlen geschaffene Kreuz ist in traditionellen Formen gehalten und ersetzt ein auf der Walberberger Seite der Bahnlinie 1871 errichtetes Gedenkkreuz für den damals an dieser Stelle ermordeten Hugo Commer aus Merten. Jenes im Volksmund einst so bezeichnete "Schwadorfer Kreuz" ist verlorengegangen. Sein Ersatz auf Schwadorfer Gebiet markiert zugleich eine ehemalige Schwadorfer Weingartenlage, die sog. "Flechte", die beispielsweise 1759 urkundlich dokumentiert ist. Der nur in geringem Umfang in Schwadorf betriebene Weinbau wird möglicherweise für diesen Ort urkundlich erstmals 1357 mit der Angabe von einem halben Morgen Weingarten greifbar. Die Einschränkung "möglicherweise" bezieht sich auf die Angabe, daß dieser Wingert "in loco appellato Clinckenberch" gelegen sei, also an einem Ort, der Klinkenberg genannt wird. Meines Wissens gibt es jedoch in hiesiger Gegend nur zwischen Rösberg und Hemmerich eine Gemarkung mit diesem Namen. In dem in diesem Bändchen des öfteren zitierten Rechnungsbuch der Pfarrei Hemmerich aus der Mitte des 17. Jahrhunderts wird mehrfach von den Weingärten "auffm Klinckenbergh" (so 1662) berichtet.

Die beiden Walberberger Passionskreuze sind recht unterschiedlicher Art. Das an einem früheren Winzerhöfchen, dem im örtlichen Volksmund so bezeichneten "Kloos-Hoff" (Ecke Hauptstraße / Oberstraße) angebrachte Kruzifix wurde 1988 vom neuen Besitzer dieses historischen Anwesens, dem Restaurator und Stukkateur Friedrich Antoni instandgesetzt und nach alten Farbbefunden bemalt. Das Kreuz stammt als Ersatz für ein wohl ähnliches Vorläuferkreuz aus dem Revolutionsjahr 1848. Der originale Christus-Corpus ist deutlich älter und stammt offenkundig von einem früheren Kreuz.

Das zweite Passionskreuz, weniger aufwendig, befindet sich an einem Gehöft in der Kitzburger Straße. Es wird im Ort als "Heusers Kreuz" bezeichnet. Vermutlich stammt es aus dem 18. Jahrhundert. In seiner unmittelbaren Nähe erstreckten sich einige Weingärten, wie man auf einer Zeichnung des wallonischen Zeichners Renier Roidkin (1684 bis 1741) von etwa 1725 bis

1730 deutlich erkennen kann. Auf dieser Zeichnung reichen die Weingärten bis fast an die Kitzburg heran.

*

Auch in Badorf stehen zwei Passionskreuze. Eines von ihnen befindet sich seit langem schon in der Eingangshalle des Brühler Max-Ernst-Gymnasiums. Eine Replik erhebt sich unweit des früheren Standortes. Vor dem Giebel der Fachwerkscheune des Hofes Breidenbach stand dieses Kreuz am Grünen Weg. Angeblich war es auf das Jahr 1816 datiert (Inschrift nicht mehr lesbar). Der "Grüne Weg" bezeichnet heute noch die Grenze zwischen Walberberg und Badorf. Somit erfüllte das Kreuz auch die Funktion eines markanten, christlich geprägten Grenzzeichens. Sein Bezug zum früheren Weinbau war allein aufgrund der unmittelbar benachbarten Weingärten gegeben. - J. Breidenbach hat 1984 ein neues Kreuz anfertigen lassen, das an einem nur geringfügig versetzten Standort (Grüner Weg 58) eine neue Bleibe fand.

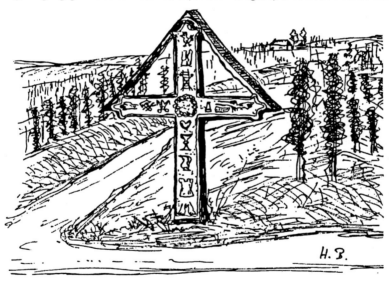

Passions- bzw. Weinbergkreuz in Badorf (Ecke Alte Bonnstraße/Pehler Hülle).

Das zweite Arma-Christi-Kreuz erhebt sich unter einem Baum auf der Ecke Pehler Hülle / Alte Bonnstraße. Der "Pehler Hülle" genannte frühere Hohlweg bildete die Grenze zwischen Badorf und Pingsdorf. Wann das 1705 genannte Grenz- und Weingartenkreuz aufgerichtet wurde, ist nicht bekannt. Die Pehler Hülle selbst wird bereits 1323 erstmals erwähnt. An diesen Hohlweg ("via concava") stießen einige Wingerte an. Dazu Herbert Kerz 1997:

"Da gab es die 'Frohen Pint' (Pint = ca. 170 qm) an der Pehlen (an den Grenz-'Pfählen' mit Pingsdorf, also heutige Pehler Hülle) oder das heute noch so genannte 'Paradeiß' im mittleren Bereich der Steingasse. Theis Erckelentz unterhielt einen Wingert 'uffm Holleweg' (oberer Bereich der Steingasse)." - Auch in Dersdorf gab es einst einen Weingarten namens "Paradies" (siehe weiter oben).

Die Funktion von Kreuzen als Grenzzeichen ist im Vorgebirge häufig zu belegen. Ein besonders aufschlußreiches Beispiel hierfür ist ein kurz vor 1600 vom damaligen Vogt des Dingstuhls Waldorf, Peter Heusch, errichtetes steinernes Kreuz, das heute noch genau auf der Grenze zwischen Hemmerich und Rösberg steht (Ecke Rösberger Straße / Hemmergasse / Kuckucksweg) und dessen rückseitige Inschrift das historische Kleindenkmal als "Scheidstein der zweier Herrlichkeiten Hemberch und Rösbergh", also als 'Grenzstein', ausweist.

Merkwürdigerweise gibt es im gesamten Vorgebirge keinen einzigen unmittelbar auf den Weinbau bezogenen Bildstock, wie man sie aus anderen deutschen Weinbauregionen kennt (z.B. Christus in der Kelter).

Weingartshöfchen und Weingüter von Oedekoven bis Badorf

Nachstehend sollen die einzelnen Ortschaften des Vorgebirges jeweils kurz mit Blick auf die ehemaligen kleinen und großen Weingüter vorgestellt werden. Dabei können nicht alle früheren Winzerbesitzungen zur Sprache kommen, da dies den Rahmen dieser Arbeit ganz und gar sprengen würde. Allein für das 18. Jahrhundert, da der Weinbau in der hiesigen Gegend in hoher Blüte stand, ist mit gut 750 Winzerbetrieben im gesamten Vorgebirge zu rechnen. Diese Zahl ist eher noch zu gering gegriffen, wenn man bedenkt, daß uns allein die erhaltenen Akten der früheren Bürgermeisterei Sechtem noch für die Jahre nach 1842 immerhin 78 Weinbauern namentlich überliefern und schon 1449 in Oedekoven 48 Familien Weinbau betrieben! Unter diesen Winzern gab es natürlich auch zahlreiche Kleinlandwirte, die nur nebenher ein wenig Weinbau betrieben, sozusagen für den eigenen Bedarf.

Die Auswahl der hier vorzustellenden Winzerbetriebe ist zwar letztlich subjektiv bestimmt, läßt sich indessen durchaus als repräsentativ bewerten. Die

Ortschaften der Rheinschiene (Hersel, Uedorf, Widdig, Urfeld) lassen wir außer Betracht, da sie ja nicht zum Vorgebirge gehören.

Beginnen wir im südlichen Vorgebirge und werfen zunächst einen Blick auf Oedekoven, über das bereits an etlichen Stellen dieser Schrift berichtet wurde, und seine Richtung Witterschlick gelegenen Nachbarorte Impekoven, Nettekoven und Ramelshoven.

Oedekoven mit Impekoven, Nettekoven und Ramelshoven

Einem aufschlußreichen Verzeichnis, einer sog. Steuerdeskription von 1449 ist zu entnehmen, daß damals in Oedekoven 48 Einwohner Weinbau betrieben. Die meisten waren Pachtwinzer, die insgesamt die Wingerte von 19 geistlichen Institutionen sowie die von 23 adeligen Besitzern bearbeiteten. Der Tempelhof der Herren von Sankt Johann und Cordula zu Köln war das größte Weingut in Oedekoven. Seine Weingärten waren 1449 unter 39 Pächtern verteilt. Das Bonner Sankt-Cassius-Stift hatte 29 Pächter, die Sankt-Laurentius-Kirche zu Lessenich ließ ihre Wingerte von 28 Pächtern bewirtschaften, und das Kloster zu Grau-Rheindorf war vertraglich immerhin mit 17 Pächtern verbunden.

Johann von der Meynwege, Tönis von Orsbeck, Gerhard von der Gracht, Peter von Kortzensyff, Nyt von Birgel und Daem von Ylem auf Burg Medinghoven im benachbarten Duisdorf hatten Verträge mit bis zu 31 Pächtern. Robert Thomas resümierte 1979: "Jeder kleine Bauer in Oedekoven hatte demnach im Durchschnitt fünf Herren, in deren Botmäßigkeit er stand, und seine Stellung lag nahe der eines lohnabhängigen Knechtes."

(1669)

Der größte Oedekovener Hof überhaupt gehörte der Kommende von Sankt Johann und Cordula zu Köln. Es handelt sich dabei um den heute noch teilweise bestehenden Tempelhof, dessen Geschichte bis zum Jahr 1364 zurückverfolgt werden kann. Diese geistliche Institution besaß auch Höfe in Alfter-Olsdorf (den dortigen Johannishof, Sitz der Alfterer Alanus-Hochschule) und Trippelsdorf. Nimmt man die Güter in Rüngsdorf und Buschdorf hinzu, dann läßt sich am Ende des 16. Jahrhunderts eine zugehörige Weinbaufläche von 73 Morgen errechnen. 1449 gehörten zum Oedekovener Tempelhof sieben Morgen an Wingerten. Außer dem Tempelhof nannte die Kommende noch einen Hof in der Staffelsgasse ihr eigen. Dort wurden die landwirtschaftlichen Produkte "gestapelt" (daher die altbelegte Straßenbezeichnung): "Mitten im Orte Oedekoven (...) lag ein Hof von St. Johann und Cordula, der nach der Aufhebung des (...) Templerordens mit dessen Liegenschaften, mit den Höfen in Trippelsdorf und dem in Olsdorf gelegenen Weingut, dem St. Johannis Hof auf der Linden-Pützgasse, eine Verwaltungseinheit des Johanniter-Ordens im Vorgebirge bildete" (Thomas).

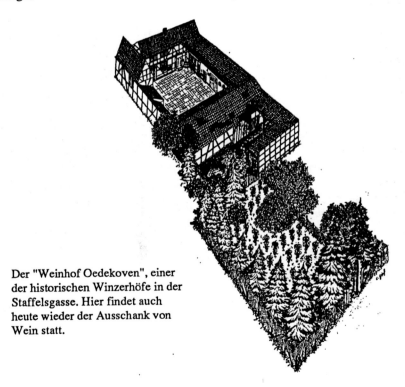

Der "Weinhof Oedekoven", einer der historischen Winzerhöfe in der Staffelsgasse. Hier findet auch heute wieder der Ausschank von Wein statt.

Eine Wanderung durch das heutige Oedekoven lohnt sich, um dem ehemaligen Charakter des früheren Winzerdorfs nachzuspüren. In der Staffelsgasse, auf dem Büchel, in der Ginggasse und an anderen Stellen zeigen sich noch auf Schritt und Tritt die alten Weingütchen. Oedekoven und Gielsdorf sind in dieser Hinsicht die weitaus interessantesten Dörfer des gesamten Vorgebirges. Vor allem sind es hier die schmucken Fachwerkhäuser, teilweise mit Hausinschriften und Erbauungsdaten, die das Auge erfreuen. Kaum ein früheres Weingütchen, das nicht fachgerecht renoviert wäre. Und in einem der historischen Winzerhöfe in der Staffelsgasse findet heute wieder der Ausschank von Wein statt. Über die seit 1998 in Oedekoven stattfindende kirchliche Johannisminne wurde bereits weiter oben berichtet.

*

Der Weinbau in Impekoven findet seine erste Erwähnung am 6. Jan. 1351, als der Dachdecker Richwin von Impekoven einen Weingarten pachtet.

In Impekoven nannte der Propst des Bonner Stiftes Sankt Cassius im 15. Jahrhundert ein Weingütchen sein eigen, zu dem unter anderem 3 Morgen an Weingärten gehörten, die auf einem zusammenhängenden Grundstück lagen. Den in seinem Buch über Oedekoven zusammengestellten Nachforschungen von Robert Thomas zufolge, hatte sich die Größe des Weingartens im Laufe der Zeit etwas verringert. Nach einer Aufstellung von 1599, die auch noch 1733 gültig war, zählten zu diesem an adelige Lehensnehmer verlehnten Gut 2 und ½ Morgen an Weingarten.

1449 lagen in den benachbarten Ortschaften Impekoven, Nettekoven und Ramelshoven, also etwas seitwärts des Vorgebirges, insgesamt knapp 23 Morgen an Wingerten. Begütert waren hier das Kölner Domkapitel, Gottschalk von Lechenich zu Ramelshoven, die Jungfrauen des Zisterzienserinnenklosters Grau-Rheindorf, Peter von dem Kortzensyff, Gerhard von der Gracht, Goddert von Endenich sowie folgende eingesessene Bauern: Peter Theiß, Tielchen Butzhart, Goebel Durlerse, Herman Weinraiße, Theis Zuddel, Tiele Rorich, Hermann Rode, Heinz Stellemann und Johann Gammermeyer.

Gielsdorf

Über Gielsdorf und seinen markanten Rotwein wurde schon manches in den vorangehenden Kapiteln mitgeteilt. Wie Oedekoven, so war auch das überaus malerische Gielsdorf viele Jahrhunderte hindurch ein charakteristisches Winzerdorf, das auch heute noch aufgrund seiner hervorragend erhaltenen historischen Bausubstanz als solches erkennbar ist. Der Statthalterhof, ein Küchengut der Erzbischöfe von Köln, der freiadelige Zehnthof des Bonner Stiftes Sankt Cassius, das bäuerlich allodiale Blechgut und etliche andere Weingüter treten uns im Laufe der Geschichte dieses Ortes entgegen. "Es scheint heute unvorstellbar, daß Jahrhunderte hindurch die Weinrebe in den Ortschaften Gielsdorf, Oedekoven und Messdorf die Bevölkerung ernährte und den Charakter der heimatlichen Landschaft bestimmte" (Thomas, 1978).

Der Statthalterhof zu Gielsdorf.

In der zweiten Hälfte des 19. Jahrhunderts begann der unaufhaltsame Niedergang des Weinbaus in Gielsdorf. 1880 besaß der Ort noch 48 Morgen Rebfläche, 16 Jahre später zählte man hier nur noch 32 Morgen, die sich bis 1910 auf 16 Morgen verringerten. Robert Thomas berichtet in seinem Buch über Gielsdorf von der nahezu verzweifelten Anstrengung, den hiesigen Weinbau nicht zum Erliegen zu bringen. So wurde in der Schlußphase des Gielsdorfer Weinbaus dort sogar eine Rebschule angelegt, die dem gesamten Bonner Umland zugute kommen sollte: "Die Verbreitung von Rebkrankheiten und Rebschädlingen hatte zur Folge, daß bei der Beschaffung von Blindreben zur Neuanlage eines Weinberges der Bedarf nur noch im jeweilig eigenen Weinbaubezirk gedeckt werden durfte. (...) Auf Vorschlag des Aufsichtskommissars in Reblausangelegenheiten für den Weinbaubezirk Bonn, Herrn Schugt, dem die Kreise Bonn-Stadt, Bonn-Land, der Sieg-Kreis und der Kreis Rheinbach unterstanden, schlug dieser die Einrichtung einer Rebschule (Schnittweingarten) in der Gemarkung Gielsdorf vor, da diese, weitab von den mit Rebschädlingen infizierten Gemarkungen gelegen, die besten Voraussetzungen für die Aufzucht von Rebstöcken böte." Der Regierungspräsident wies nun den Bonner Landrat von Sandt im Jahr 1895 an, "eine Rebschule in Gielsdorf einzurichten (...). Freiherr von Geyr von Schweppenburg hatte unterhalb seines Hauses in Gielsdorf einen 7 Morgen großen Weingarten im Hang gelegen, 'am Floß Weingarten', der, mit altem Rebenbestand besetzt, dem Bonner Weinhändler L. Hoffmann verpachtet war. Dieses Gelände schien wegen Größe, Lage und mäßiger Pacht die beste Lösung für eine zu errichtende Rebschule des Weinbaubezirks Bonn zu sein." Thomas listet die folgenden für eine Anzucht vorgesehenen Rebsorten auf, nämlich roten Spätburgunder aus Gielsdorf selbst sowie Niederkastenholz, roten Frühburgunder wiederum aus Gielsdorf, weißen Kleinberger aus Unkel, weißen Rheinberger aus Oberdollendorf, weißen Riesling aus Winningen an der Mosel, weißen Sylvaner aus Kreuznach in der Pfalz sowie weißen Frühburgunder aus Niederkastenholz. Dazu weiter Robert Thomas: "Heinrich Lohmer aus Oedekoven war der Leiter der neuen Kreisrebschule geworden, und Jakob Vianden aus Gielsdorf führte die laufenden Arbeiten aus. (...) Im Jahre 1901 mußte der laufende Pachtvertrag aus dem Jahre 1895 erneuert und das Gelände der Rebschule um 8 ar erweitert werden. Aber die Rebschule in Gielsdorf scheint bis zum Jahre 1905 einen nur mäßigen Absatz von Setzlingen erzielt zu haben, denn der Verkauf der Blindreben einschließlich der anfallenden Traubenernten, die meist von dem Gastwirt Peter Winterscheidt aus Gielsdorf angekauft wurden, deckten nicht die Ausgaben. (...) Nicht nur die Verkaufsaussichten von Setzlingen wegen des sprunghaften Rückgangs an Weinanbauflächen im Kreise Bonn sanken weiterhin, sondern es traten in der Verwaltung der Kreisrebschule auch größere Mängel auf." Die Rebschule ging regelrecht ein. Mit Ablauf des Pachtverhältnisses am 11. November 1910 endete dieses interessante Kapitel aus der Geschichte des Gielsdorfer Weinbaus, der mit der Rodung der letzten Rebstöcke anno 1912 ganz zum Erliegen kam. Damit wurde gleichzeitig der Rest des gesamten Weinbaus am Vorgebirge zu Grabe getragen! - Der Gielsdorfer Beierspruch "Jielsdep, Jielsdep, hätt ich doch, hätt ich doch ding Druuve, ding Druuve" kann durchaus als nostalgische Reminiszenz an den einst gerade hier in Hochblüte stehenden Weinbau gewertet werden.

Alfter mit Birrekoven und Olsdorf

Urkundlich ist der Alfterer Weinbau bereits für das 11. Jahrhundert belegt. Noch heute finden sich im Ort einige Hofstellen, die sich als ehemalige Weingüter dingfest machen lassen. In der Pelzstraße, in Olsdorf, in Birrekoven, am Hertersplatz, am Görreshof, am Landgraben, am Tonnenpütz und manch anderen Stellen des Ortes zeugen diese Höfe vom einst in Alfter blühenden

Weinbau. Der Rechshof in Olsdorf war eines der schönsten Weinhöfe. Er war im Jahr 1696 erbaut worden. Im Johannishof, einem früheren Weingut der Kölner Kommende Sankt Johann und Cordula, befindet sich die über die Grenzen Alfters hinaus bekannte Alanus-Hochschule. Das sicherlich malerischste frühere Winzergehöft erhebt sich neben dem Schloß, am Hertersplatz, in der Verlängerung der Straße "Am Herrenwingert". Dieses nach "altfränkischem" Muster konzipierte Gehöft wurde vor einigen Jahren grundlegend renoviert. Das Anwesen stammt aus dem Jahr 1778 und wurde 1993 von der Zeitschrift "Schöner wohnen" zum "Haus des Jahres" gekürt. Aus einem recht heruntergekommenen Hof verstand es das Architekten-Ehepaar Ursula und Burkhard Moos ein in historischen Formen errichtetes Schmuckstück zu machen. Die Familie Moos bewohnt dieses frühere Winzergut selbst.

Alfter zeichnete sich als ehemaliges Winzerdorf unter anderem dadurch aus, daß die Zahl der auswärtigen Grundbesitzer verhältnismäßig gering war. Es herrschte im 16., 17. und 18. Jahrhundert ein eingeschränktes "Forensalverbot". Das heißt, daß nur wenige Fremde hier in Alfter befugt waren, Weinbau zu betreiben. In der damals auch Roisdorf umfassenden Herrlichkeit Alfter beteiligten sich anno 1662 lediglich sechs auswärtige geistliche Institutionen sowie acht ortsfremde Adelsfamilien am Weinbau. Dies war einem 1568 erneuerten gräflichen Verbot zu verdanken, das die Veräußerung von Grundbesitz an Auswärtige betraf.

Vom größten Alfterer Kelterhaus, dem 1711 erneuerten "Keltisch" hinter der Burg, berichtet eine authentische Beschreibung der damaligen Zeit: Eine mächtige Wagkelter, zwei Pitschkeltern, drei Breibütten, sechs "Blochbudden", deren größte sage und schreibe 7668 Liter Wein fassen konnte, eine Anzahl kleinerer Weinfässer, Legel und Körbe usw. bildeten die Ausstattung. In diesem Kelterhaus befand sich auch eine sog. "Komfur", also eine offene Feuerstelle zur Beheizung des Raumes in der Zeit der Gärung des neuen Weines.

Die Alfterer Winzer berechneten die Füllmenge ihres eigenerzeugten Weines nach einem eigenen Maß. Nach Alfterer Maß betrug ein Fuder 852 Liter. "Es war eine schöne, weinselige Zeit, in der Missetaten mit einer Ablieferung von Wein bestraft und fast jede öffentliche Dienstleistung mit Wein entlohnt wurde" (Dietz / Zerlett, 1967).

Für 1899 wird berichtet, daß es in Alfter noch nicht einmal mehr zwei Morgen an Wingerten gab, und doch wurde auf Beschluß des Alfterer Gemeinderates vom 26. Februar 1901 die Anschaffung eines Traubenschwefler-Apparates gegen Rebkrankheiten genehmigt. Die Gemeinde trug hierfür die Kosten. Doch der Weinbau lag siech. 1906 wurden die letzten Alfterer Weingärten am Hühnerbuschweg und auf dem Kuckstein in Gemüseland verwandelt. Die Straßenbezeichnung "Am Herrenwingert" hält die Erinnerung an den früheren Weinbau noch wach.

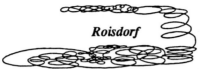

Roisdorf

Daß die letzte Roisdorfer Traubenernte auf Haus Wittgenstein anno 1900 in einem Lichtbild festgehalten wurde, ist heute, nach fast hundert Jahren, von besonderem Interesse, da es sich um das einzige Fotodokument überhaupt handelt, das den einstigen Weinbau am Vorgebirge zeigt.

In Roisdorf gab es eine Reihe kleiner und größerer Winzerbetriebe sowie ein Weinhaus, über das bereits berichtet wurde. - Ein recht stattliches Weingut erhob sich bis vor wenigen Jahren in der Oberdorfstraße. Es handelte sich um den 1603 erneuerten sog. "Deetkerche Hoff", also ein Gut des Bonner Stiftes Dietkirchen, das im örtlichen Volksmund auch unter dem Namen "Vendelshof" bekannt war. 1113 wird Roisdorf in einer Dietkirchener Urkunde erstmals erwähnt. Damals schon besaß diese Bonner geistliche Institution hier einen Fronhofverband, der zu Beginn des 13. Jahrhunderts aufgelöst wurde. Der Vorsteher dieser sog. "Villikation" war ein gewisser Nantwart. Nach ihm war der Roisdorfer Weingarten "Nantwardu" benannt. Vor 1307 war das Gut an den Schatzmeister von Dietkirchen verpfändet. Zwei Halfen wirtschafteten auf dem Acker- und Weingut. 1399 hießen die beiden Pächter Winrich und Gumbert von Roisdorf. Der wirtschaftliche Schwerpunkt lag auf dem örtlichen Weinbau. Die Traubenernte des Jahres 1430 lieferte zehn Fuder Wein. Auch das seit 1411 nachgewiesene Mannlehen der Äbtissin von Dietkirchen brachte große Mengen an Wein. Es bestand damals aus einer Hofstatt mit Wohn- und Kelterhaus sowie sechs Vierteln an Weingärten.

(1669)

Ein Winzergut zu Roisdorf nannte auch die Familie Schall von Bell zu Lüftelberg ihr eigen. Erwähnt wird es beispielsweise 1558, 1574 und 1755. Es war schlechter ausgestattet als das ebenfalls dieser Familie gehörende Weingartsgut zu Waldorf (siehe weiter unten). - Auch in Duisdorf besaßen die Schall von Bell ein Weingut, das 1558 als zum Lehen Morenhoven zugehörig ausgewiesen ist.

Roisdorf 1900: Letzte Weinernte auf Haus Wittgenstein
(Foto: Stadtarchiv Bornheim, Sammlung N. Zerlett)

Auch auf der Roisdorfer Wolfsburg sowie auf dem 1969 abgebrochenen Sterffelshof, der alten Burg der Ritter von Roisdorf, wurde Weinbau betrieben. Das prächtigste, aus dem 19. Jahrhundert stammende Weingut war zweifellos Haus Wittgenstein, das in den Jahren 1844/45 nach den Plänen des Dombaumeisters von Köln, Ernst Friedrich Zwirner (1802 bis 1861), erbaut worden war. Hier fand zu Beginn unseres Jahrhunderts die letzte Weinlese statt. Auf einer Lithographie von etwa 1865, das dieses klassizistische Anwesen zeigt, erkennt man links im Bildvordergrund einige Rebstöcke. Auch das kapellenartige frühere Kelterhaus ist gut sichtbar. - Über den Weinbau auf dem einstigen Clarenhof wurde bereits weiter oben berichtet.

Bornheim mit Botzdorf und dem nicht mehr bestehenden Hordorf

Über den Weinbau in Bornheim kann man an etlichen Stellen dieses Büchleins nachlesen. Noch auf der französischen Tranchot-Karte Nr. 92 aus den Jahren 1807/08 erkennt man, daß damals fast der gesamte Vorgebirgshang oberhalb von Bornheim mit Reben bestanden war.

Auf allen großen Höfen wurde Weinbau betrieben. Auf der östlichen Seite der Königstraße waren dies folgende Betriebe: Apostelhof, Kleehof, Fronhof, Kartäuserhof, Augustinerhof und die Burg, die den umfangreichsten Besitz an Weingärten aufwies. Auf der westlichen Seite der Königstraße lagen folgende ehemalige Weingüter: Kreuzhof, Ahrweiler Hof des Klosters Wenau, Clarenhof, Klosterrather Hof, Haus Hohenlind sowie das Holthoffsche Gütchen. Die beiden letztgenannten Gütchen zählen zum Bornheimer Ortsteil Botzdorf. Hinzu traten zahlreiche kleine Winzerbetriebe. Der Klosterrather Hof wird bereits 1197 urkundlich erwähnt.

Zur Zeit seiner Neuerbauung, 1718, lag das Holthoffsche Gütchen inmitten von Weingärten. Hier standen einst die wenigen Häuser des nicht mehr bestehenden Weilers Birtzberg. 1680 waren hier die Kölner Kartäuser mit Wingerten begütert, von denen einer "auf dem Cläusgen" hieß.

Im Lagerbuch der Herrlichkeit Bornheim aus dem Jahr 1736 wird das nach einem späteren Besitzer, einem Kölner Advokaten (1825), bezeichnete "Haus Holthoff" als freiadeliges Rittergut des Bornheimer Burgbesitzers Johann Jakob Freiherrn von Walbott-Bornheim aufgeführt. Unter anderem gehörten zu diesem Besitztum drei Morgen an Weingärten. Das Gütchen wurde stets verpachtet. Die Pächter mußten ihrer Herrschaft den halben Traubenertrag abliefern sowie eine Karre voller alter Weinbergrahmen.

In der Flur "auf dem Acker" lag einst das 1197 urkundlich erstmals bezeugte kleine Hordorf (zwischen Königstraße, Mühlenstraße, Kalkstraße und alter Wolfsgasse). Aus dem Jahr 1669 stammt ein kleines Weinpachtverzeichnis, das mit den Worten "Hoirdorp bey Bornheim" überschrieben ist. Die erste Eintragung berichtet von einem Tiellgen Bottenbroich, der "von einem Vierdell Wingardts in der Steinflachten bey Junckher Paweß Beyßells Wingart" ein Ohm Wein jährlich abzuliefern hatte.

Bornheim war wegen seiner guten Weinbergslagen auch bei auswärtigen Besitzern sehr beliebt. So nannten 1572 insgesamt 24 auswärtige Adelige sowie 18 Klöster und Stifte hier Weingärten ihr eigen. Aus dem Jahr 1522 stammt eine Beschreibung des Bornheimer Kartäuserhofs, der als "Weingarts Hoff mit Hauß, Scheuer, Kelterhauß, Kelter, dreyen Budden von 1, 2 und etwas mehr als 1 Fuder" beschrieben wird, mit der Bemerkung: "Ist ein freyadelicher Hoff, keinen Dienst noch Schatz schuldig, den vorher Junkher Hermann von Tomburgh und seine Frawen Kunigund von Buschfeldt und danacher wir Cartäuser biß auff den heutigen tagh besessen haben." - 1890 fand in Bornheim die letzte Traubenlese statt. Der überaus rührige Bornheimer Heimat- und Eifelverein e.V. trägt sich mit dem Gedanken, versuchsweise wieder einen kleinen Weingarten in Bornheim (an historischer Stelle) anzulegen, nicht zuletzt, um die Nachwelt auf das wirtschafts- und kulturgeschichtlich bedeutsame Thema vom einstigen Weinbau in hiesiger Gegend aufmerksam zu machen.

Brenig mit Bisdorf

Ein um die Mitte des 12. Jahrhunderts, unter Äbtissin Irmentrudis (1163 bis 1174 amtierend), angelegtes Güterverzeichnis des damaligen Klosters und späteren Bonner Stiftes Dietkirchen weist aus, daß diese geistliche Institution in Brenig zwei Morgen an Weingärten besaß. Dies ist der älteste Beleg für den ehemaligen Weinbau zu Brenig.

Das Bisdorfer "Gütchen", ein ehemaliger
Winzerhof der Kölner Kartäuser.

Der 1973 abgerissene Plönerhof, der unter diesem Namen 1776 erwähnt wurde, gehörte dem Kölner Stift Sankt Apostel, das 1219 in Brenig (zunächst mit einer Mühle) Fuß gefaßt hatte. 1226 wurden sieben Morgen Weingärten hinzuerworben. Verwaltet wurde der Besitz vom Hof auf dem Ploon (daher die Bezeichnung Plönerhof), zu dem ein 1247 belegtes steinernes Wohnhaus gehörte (man vermutet hier Reste einer römischen Villa), in dem der Bornheimer Ritter Wilhelm II. Schilling zum Verdruß der Kölner Mönche die Schöffen seines Vogteigerichtes zusammenzurufen pflegte. Der Weinbau des Apostelstifts, das auch in Bornheim mit einer großen Hofstelle (am Apostelpfad) und zwei kleineren Höfen, dem Laus- und dem Niesengütchen, begütert war und das in Dersdorf das sog. Kirschbaumhöfchen (laut erhaltener Hausinschrift anno 1761 erneuert) sein eigen nannte, ist über die Jahrhunderte bestens dokumentiert. 1674 besaßen die Apostelherren in Brenig, Dersdorf und Bornheim zusammen 29 Morgen Weingärten. Alle Besitzungen waren wie üblich in Halbpacht gegeben. - Einem Abgabenverzeichnis aus dem Jahr 1293 ist zu entnehmen, daß das Apostelstift in der Pfarrei Brenig 37 Lehensnehmer hatte. Diese verteilten sich auf Brenig selbst, die damals noch bestehenden zugehörigen Teilortschaften Bargene und Vrimersdorf, auf ein nur einmal belegtes "Dirzhove(n)" (verschrieben für "Dützhoven" bei Heimerzheim?) sowie auf Dersdorf. Von 15 und einem halben dieser Lehen mußte alljährlich zur Zeit der Weinlese die gesamte Traubenmenge den Apostelherren abgegeben werden.

Einem um 1360 verfaßten "Weiszthumb stiftskirchen zu st. Aposteln in Collen hoffgerichts zu Brenich" ist zu entnehmen, daß ihr Breniger Hof, in diesem Schriftstück als "Fronhof" (= Herrenhof) bezeichnet, mit einem eigenen Hofgericht ausgestattet war. Unter Paragraph 11 dieser Rechtsordnung findet sich die merkwürdige Angabe, daß die Apostelherren verpflichtet waren, den Fronpütz, einen zum Hof gehörenden Brunnen, in gutem Zustand zu halten, so daß man daraus trinken konnte, "bisz man wein kricht". Der nachfolgende Paragraph gibt für diese seltsame sprachliche Formulierung die plausible Erklärung. Die Geschworenen des Fronhofs beanspruchten für sich jährlich ein Viertel Wein, "dasz sie ihm die gerechtigkeit helfen behalten", d.h. ihre für gut befundene Brunneninspektion war mit einem Viertel Wein zu entlohnen! Auch Paragraph 13 befaßt sich mit dem Breniger Wein: "Erstlich weyszen die geswoeren den herrn zu st. Apostelen den weinpacht zu, denselben sollen sie holen bei einem iedern der inen schuldig zu herpst, der herpst falle kurz oder lang." Die Weinpacht wurde also ohne Rücksicht auf den jeweiligen Ernteertrag eingetrieben.

Der 1960/61 abgebrochene Hof des Klosters Blatzheim, der sich am Schornsberg gegenüber dem Schornshof erhob, wurde zwischen 1965 und 1969 im Rheinischen Freilichtmuseum Kommern wiederaufgebaut. Das Wohnhaus war 1556 errichtet, die Scheune 1785 neugebaut worden. Im kurz nach 1557 verfaßten Schatzbuch der Herrlichkeit Bornheim wird dieser Hof mit etwa drei Morgen Weingärten spezifiziert. 1625 erwarb Merten Schorn aus Hemmerich das Gütchen, das 1637 an das Zisterzienserinnenkloster Blatzheim gelangte.

Der dem Blatzheimer Hof gegenübergelegene Schornshof gehörte bis zur Säkularisation dem Kölner Stift Sankt Kunibert. Das Lagerbuch der Herrlichkeit Bornheim nennt diesen Hof mit den Worten: "Die Cuniberts Herren in Cöllen haben einen Bawhoff ahm Endt zu Brenich." Die Bezeichnung "Bauhof" besagt, daß auf diesem Anwesen nur Ackerbau, also keine Viehwirtschaft, betrieben wurde. 1731 gehörten zum Schornshof etwas über sechs Morgen Weingärten, darunter die "Cunibertzflachten".

Anläßlich der Breniger Hagelfeierprozession an den Bittagen vor Christi Himmelfahrt hatten alle diese Höfe von je einem Morgen Weingarten zwei Albus an die Pfarrkirche Sankt Evergislus zu entrichten. Die besten Breniger Weingärten lagen unterhalb der Kirche auf dem zum "Loch" hin recht steil abfallenden Südhang. Die obersten Weingärten erstreckten sich auf dem Hüling. 1715 wird beispielsweise das "Heulings-Firtel" erwähnt. - Über den Rankenberg wurde bereits weiter oben in einem eigenen Kapitel berichtet.

Laut Katasterneuaufnahme von 1886 gab es damals in Brenig nur noch einen einzigen Weingarten, der kurze Zeit später gerodet wurde. Er lag auf dem Rücksbroich.

*

Zu Brenig zählt der auf der anderen Seite des Rankenbergs gelegene Weiler Bisdorf, der wie das unterhalb gelegene Dersdorf 1143 erstmals urkundlich erwähnt und lange Zeit zu Dersdorf gezählt wurde. Wenn die Breniger und Dersdorfer sowie die alteingesessenen Bewohner der umliegenden Dörfer von Bisdorf sprechen, dann ist stets die Rede vom "Bisebbe Hoff" bzw. "Biseme Hoff". Dieser mundartliche Beleg ist sogar auf der französischen Tranchot-Karte von 1807/08 zu finden: "Bissemerhoff".

Es gab einst in Bisdorf zwei zusammengehörige stattliche Höfe, den 'eigentlichen' Bisdorfer Hof (später im Besitz der Familie Wirtz), der ein Bauoder Ackerhof der Kölner Kartäuser war (1645 als "praedium Carthusianorum" erwähnt), sowie das weiter hangabwärts, unweit des Bannweges gelegene sog. "Gütchen" (auf alten Karten immer in dieser Form genannt). Das Gütchen war ein malerischer Winzerhof, der bis zur Säkularisation ebenfalls Eigentum der Kölner Kartäuser war, deren Kloster, die Kartause Sankt Barbara, am 6. Dezember 1334 vom Kölner Erzbischof Walram von Jülich gestiftet worden war. - Die zunächst in Armut lebenden Kartäuser erhielten im Laufe der Zeit zahlreiche Zuwendungen in Form von Liegenschaften und Geld. Ihr wirtschaftlicher Schwerpunkt begann sich im Vorgebirge herauszuschälen. In Walberberg, Trippelsdorf, Marsdorf (untergegangener Ortsteil von Merten), Kardorf, Waldorf mit Üllekoven, Bornheim und Bisdorf besaßen sie Hofstellen. Ein Standbein war neben der reinen Ackerwirtschaft der Weinbau, den die Kartäuser in Waldorf und im benachbarten Bisdorf gleich auf einem halben Dutzend Höfen betrieben. In der Mitte des 14. Jahrhunderts hatte Heinrich von Revele der Kölner Kartause 2000 Mark für den Kauf des Hofes in Bisdorf gestiftet. In einer am 22. Mai 1373 ausgefertigten Urkunde wird er deshalb als einer der Gründer der Kartause bezeichnet. Anno 1522 wird der obere Bisdorfer Kartäuserhof genau spezifiziert: "In Bistorf, in deme Kispell zu Brenich haben wir einen Wein :und: Kornhoff mit Hauß, Scheur, Kelterhauß und Stallung, wie auch ein Bungert darumb." 1557 gehörten zu diesem Hof über sieben Morgen an Weingärten. Sie lagen u.a. in den Küppen, am Eckermorgen zu Dersdorf und längs des Bannweges.

Da sich die Kartäuser-Besitzungen im Raum Bisdorf gewaltig vergrößerten (schon 1520 gehörten den Mönchen allein hier etwa 264 Morgen an Liegenschaften), war der Bau eines weiteren Hofs erforderlich. Nun folgte dem "Gut" das "Gütchen", auf dem ausschließlich Weinbau betrieben wurde. Erbaut wurde es kurz vor 1620. Beide Höfe waren aufgrund besonderer vertragsgemäßer Bedingungen völlig frei von Abgaben, was 1661 noch einmal eigens bestätigt wurde. Um das Gütchen herum erstreckten sich 1719 knapp neun Morgen an Weingärten. 1802 wurden beide Kartäuser-Höfe säkularisiert; mittlerweile existieren beide nicht mehr. Das Gütchen fiel 1967 einer Übung der Freiwilligen Feuerwehr Dersdorf zum Opfer. Letzte Besitzerin des traditionsreichen Gütchens war die Familie Urmersbach.

Bedenkt man, daß die Kartäuser bereits anno 1557 über 40 Morgen an Weingärten im Vorgebirge in Halbpacht gegeben hatten, so läßt sich erahnen, daß für sie der Anbau von Wein von größter wirtschaftlicher Bedeutung war. Nur ein relativ geringer Teil der alljährlich recht üppigen Weinkreszenz diente dem eigenen Bedarf, denn dem privaten Weinkonsum stand ein ganz erheblicher Bierkonsum der Mönche zur Seite. Was aber geschah mit dem überschüssigen Wein? Er wurde gewinnbringend verkauft. Marianne Gechter schrieb 1991: "Man muß (...) bemerken, daß im 16. Jahrhundert der Anteil der Geistlichkeit am Kölner Weinmarkt sinkt. Große Anbieter wie Eberbach ziehen sich ganz zurück, andere Stifter und Klöster verkaufen Weingüter. Die Kartause hält aber an ihrer Politik der Arrondierung und Pflege des Weinbergbesitzes fest und nimmt deshalb in der frühen Neuzeit auf diesem Sektor einen Spitzenplatz unter den Kölner geistlichen Institutionen ein." Diesen Spitzenplatz verdankten die Mönche zu einem ganz erheblichen Teil ihrem zusammenhängenden Besitz an Wingerten im mittleren Vorgebirge, wobei Bisdorf in dieser Hinsicht den Löwenanteil ausmachte!

Dersdorf

Dem Dersdorfer Wein wurde stets eine gute Qualität nachgerühmt. Der relativ kleine Ort konnte stolz auf eine ganze Reihe kleinerer und größerer Weingüter verweisen, von denen hin und wieder bereits die Rede war. Noch heute sind im Weichbild des Ortes in der Dürerstraße, in der Lochnerstraße und am Waldorfer Weg manche Hofstellen als frühere Winzerhöfe auszumachen. Ein stattliches Weingut war der barocke Lindenhof, dessen herrschaftliches Aussehen inmitten eines gepflegten Parks heute noch das Auge erfreut.

Im Jahr 1197 wird das Dersdorfer "Laizgut" als zur Dotation des Klosters Schillingskapellen bei Dünstekoven (Gemeinde Swisttal) gehörig aufgelistet. Gestiftet wurde dieses kleine Weingut vom Gründer dieses nachmals sehr bekannten Klosters und Wallfahrtsortes, Ritter Wilhelm I. Schilling von Bornheim. Der Ort wird in der Form "Thesdorp" genannt. Das 1280 erneut erwähnte "Laitsgueth" bestand aus anderthalb Morgen an Weingärten.

1576 werden für die zu Bornheim gehörende Honschaft Dersdorf mehrere Weingartshöfe aufgelistet: Da ist die Rede von einem "Kelterhaus ist Henß Hullofs gewest". "Thoniß Seidenmechers Hauß" wird im Zusammenhang mit der Angabe eines Weingartens genannt. Auch "Joenen zu Derstorffs Hofrecht" war ein Weingütchen. Zum Hof des Meisters Boer van Düren gehörten einige Rebparzellen. Weitere Weingütchen waren zum Beispiel der im örtlichen Volksmund so genannte Kniffelers-Hof am Waldorfer Weg, das Kirschbaumhöfchen des Sankt-Apostel-Stifts zu Köln, das Drommeroder Fronleichnamsherrengut sowie andere Höfe. Einem Kaufvertrag über das "freyadlich :eigen: und allodial Gutt zu Derstorff" des Junkers von Stommel aus dem Jahr 1618 ist zu entnehmen, daß zu diesem Anwesen 2 Morgen an Weingärten gehörten. Dieses längst nicht mehr bestehende Gehöft lag östlich des heutigen Max-Ernst-Wegs; im Volksmund wurde es "dat Höffje" genannt. Ein größeres Weingut war der Feldhof, der den Jesuiten von Walberberg gehörte. Über ihn wurden bereits einige Angaben gemacht. In Erinnerung gerufen werden soll freilich die interessante Tatsache, daß dieses Anwesen 1671 ausdrücklich als "Weingartzhauß" urkundlich genannt wurde. So mußten von der jährlich anfallenden Weinkreszenz fünf Viertel an die Kirche zu Brenig abgeführt werden.

Das ehemalige Fronleichnams-Herrengut zu Dersdorf, mit dem Passionskreuz von 1793.

In den Akten des Kölner Stiftes Sankt Georg findet sich ein vereinzelter Hinweis auf den sog. Eynenberger Hof zu "Derstdorp", zu dem unter anderem fünf Viertel Weingarten an der "Banngasse", also am Bannweg, gehörten. Der Beleg stammt aus der Mitte des 15. Jahrhunderts. An diesem bereits 1477 erwähnten Grenzweg zwischen Dersdorf und Waldorf erhob sich ein 1576 belegtes Zollhaus, in dessen Nähe ein Weingarten lag, der die Bezeichnung "am langen Viertel" trug.

Wie den Akten des Kölner Stifts Sankt Aposteln zu entnehmen ist, war in der zweiten Hälfte des 13. Jahrhunderts eine Familie von Zudendorp (Zündorf) in Dersdorf mit einigen nicht näher bezeichneten Weingärten begütert. Die von Zudendorp erscheinen später erneut im Zusammenhang mit der Geschichte des Drommergutes.

Zur ehemaligen Dersdofer Burg "om Huus", einer wasserumwehrten Turmburg mit zugehörigem Wirtschaftshof, gehörten auch etliche Weingärten, die bereits weiter oben erwähnt wurden. Einem ausführlichen Pachtvertrag vom 12. November 1735, den der damalige Besitzer, der Bornheimer Grundherr Baron Walbott von Bassenheim, mit dem Pächterehepaar Jakob Wasserschaff und Anna Molls geschlossen hatte, ist zu entnehmen, daß zu diesem "hochadelichen Haus, die alte Burg genannt", unter anderem drei Morgen an Weingärten und ein eigenes Kelterhaus gehörten. An Pacht mußte u.a. die halbe Traubenernte abgeliefert werden.

Über das größte Dersdorfer Weingut, das im Volksmund so bezeichnete "Hääre Jöötche" (Herrengütchen), den in alten Aufzeichnungen oft genannten Lindenhof zwischen Waldorfer Weg und Dürerstraße, ist in Kurzform folgendes erwähnenswert: 1599 gehörten zu diesem Hof unter anderem 3,4 Morgen Weingarten. Damals waren die Raitz von Frentz auf Martfeld Eigentümer des Gutes, dessen Geschichte in das späte Mittelalter hinabreicht (siehe dazu im einzelnen das Buch über Dersdorf vom Verfasser und Hildegard Heimig, S. 66 bis 74, mit Abbildungen). Zu verschiedenen Zeiten wird das Gut unterschiedlich bezeichnet: Ilems-Hof, Bolandts-Gut, Palants-Hof, Gillis-Hof und Lindenhof. Dieser Name hat sich bis auf den heutigen Tag gehalten. In der Güterbeschreibung der Honschaft Dersdorf von 1576 wird die Dersdorfer (Dorf-) Linde mehrfach erwähnt. So heißt es etwa "an der Linden zu Derstorff". Im Bornheimer Lagerbuch von 1590 / 1600 wird ein "Johann an der Linden" genannt. An dieser Linde wurde Gericht gehalten. Aus dem Jahr 1736 stammt eine recht aussagekräftige Beschreibung des Lindenhofs, die vor allem im Hinblick auf den Weinbau wichtig ist. So gehörten damals genau wie 1599 ziemlich genau 3,4 Morgen an Wingerten zum Lindenhof, der ein eigenes Kelterhaus besaß, "mit einem Wagh Kelter". In diesem Kelterhaus standen zwei mächtige "Blochbudden", die je 18 Ohm

Wein faßten. Das sind zusammengenommen ungefähr 5600 Liter! Die Blochbudden waren große ungewölbte Gärfässer, in denen der Wein reifte. Der damalige Pächter Heinrich Frings mußte die Hälfte des jährlichen Traubenertrags seinem Bornheimer Grundherrn abliefern. 1750 werden die Eheleute Heinrich Frings und Gertrud Werkers erneut als "Lindenhalfen zu Derstorff" erwähnt. Wahrscheinlich kurz vor 1765 wurde das Wohnhaus des Lindenhofs in barocken Formen neugebaut. Am 31. Juli 1765 wird die weihbischöfliche Erlaubnis erteilt, in der Hauskapelle (mit zusätzlicher Erlaubnis des Pastors von Brenig), die heilige Messe lesen zu dürfen. Noch 1790 wird der Lindenhof als "Weingartshoff" ausdrücklich erwähnt.

Die an anderer Stelle bereits erwähnte französische Tranchot-Karte von 1807 / 08 weist Dersdorf noch als ausgesprochenes Winzerdorf aus. 1818 wurde der Dersdorfer Rotwein seiner besonderen Qualität wegen auf Platz 3 gesetzt. Der im Kreis Bonn vorgenommene Qualitätsvergleich zeigt ein aufschlußreiches Ergebnis, denn Bornheim landete auf Patz 26 und Bonn nahm die 28. und damit letzte Stelle ein. 1886 wurden in Dersdorf die letzten Trauben geerntet.

Waldorf mit Üllekoven

Urkundlich ist der Weinbau zu Waldorf erstmals 1140 belegt. Dazu schrieb German Hubert Christian Maaßen 1885: "Erzbischof Arnold I. bestimmt das Verhältniß des Propstes von Zülpich zu der Abtei Siegburg und bestätigt deren Besitzungen, darunter drei Weinberge zu Waldorf, welche Abt Cuno II. zum Andenken seiner Ordination den Brüdern überlassen hatte."

Das ehemalige Weingütchen der Freiherren von Weichs (der spätere Schumachers Hof) in Waldorf-Üllekoven.

Im Waldorfer Ortsteil Üllekoven, der 1293 erstmals zweifelsfrei urkundlich dokumentiert ist, besteht heute noch ein schmuckes landwirtschaftliches Anwesen in der Hover Gasse (= Üllekover Gasse, belegt u.a. 1652: "Ullingkover gaß"), das seit Generationen der Familie Heisterbach gehört. Dieser Hof wird bereits am 16. April 1353 erwähnt: Ritter Heinrich van der Hoven (noch heute heißt der Hof im Üllekovener Volksmund "op de Hoov") bekundete damals, daß er dem Kölner Erzbischof Wilhelm für 200 Goldschilde Güter zu "Ulinchoven iuxta Waildorp" (Üllekoven neben Waldorf) zu Lehen aufgetragen hatte. 1371 wird bestätigt, daß zu diesem Hof u.a. über drei Morgen an Weingärten gehörten. 1376 war der Besitz an Weingärten geringfügig auf vier Morgen angewachsen. Damals finden wir den Hof im Besitz der Burg Friesheim. 1401 wird Hermann von Ahrweiler mit dem Hof, den einst Heinrich van der Hoven der Kölner Kirche geschenkt hatte, und der nun zum "castrum Vrijsheym" gehört, belehnt. Die vier Morgen Weingärten werden ausdrücklich aufgelistet. Später gelangte dieser Hof an die Familie Brent von Vernich, deren Sproß Goswin schon 1401 mit dem Zehnten von verschiedenen Weingärten in Waldorf belehnt worden war. Aus der Zeit, da der Hof dem Rittergeschlecht Brent von Vernich gehörte (deren Herrschaft gehörte seit 1477 wie das benachbarte Lommersum als reichsunmittelbares Territorium zum spanisch-niederländischen Reich der Habsburger), stammt ein auf das Jahr 1596 datiertes Wappen in Form einer im oberen Teil gerundeten Takenplatte. Es handelt sich dabei um das spanisch-habsburgische Wappen, das heute über der Haustür des Heisterbachschen Anwesens hängt. Aus jenen Tagen stammt der Neckname "Klein Spanien" für das Dörfchen Üllekoven. 1599 hatte sich der Wingertbesitz etwas verringert. In jenem Jahr besaß Dietrich von Orsbeck zu Vernich das Weingartsgut "Eulenkoven", zu dem nunmehr zwei Morgen Weingarten gehörten.

Ein Hof des Bonner Stiftes Dietkirchen zu Waldorf wird erstmalig 1163 genannt, als die Äbtissin drei Hörige dieses Hofs zu Wachszinspflichtigen annimmt, die dem Stift einen Weingarten überlassen hatten. 1329 verleiht Dietkirchen seine Waldorfer Güter, die ihm von dem Priester Heinrich von Breisig übertragen worden waren, auf Lebenszeit dem Christian von Dersdorf. 1373 werden, wie Karl Friedrich Brosche 1951 festhielt, "die Früchte und Einkünfte dieses Brysgerhofes vom Kölner Offizial sequestriert, wegen eines Streites, der zwischen Wynkin van me Acker und Dietkirchen deshalb entstanden war, weil Wynkin die aus den Weingärten anfallenden Trauben mit Gewalt einsammeln und für sich verwenden wollte. Über den Ausgang des Streites ist nichts bekannt." Außer dem Breisiger Hof besaß das Bonner Stift in Waldorf im 15. Jahrhundert noch den großen Rodenkirchener Hof ("das Haus der fünf Giebel"), über den weiter oben schon berichtet wurde und über den unten noch einiges mitzuteilen ist, den Stifts- oder Zehnthof (am Ort der 1880 erbauten Kirche), zu dem 1599 zwei Morgen Weingärten gehörten, das sog. Luxengut, das Kättchensgütchen sowie das Kauweilerlehen. Zum Kättchensgütchen gehörten drei Morgen Weingärten. Das Kauweilerlehen umfaßte 9 Viertel Weingärten. Brosche unterstreicht in seiner Dissertation über das Stift Dietkirchen den enormen Umfang der Weineinnahmen in Waldorf: "Sie betrugen 1430, Zehnt, Gewächs und Pacht zusammen, 13 Fuder." Zwei Fuder wurden durch den Zehnthof beigesteuert.

Das frühere Weingut "Rodenkirchener Hof" zu Waldorf.

1449 werden Sophie von Husen (daher die Waldorfer Flurbezeichnung "Husenberg"), die Brüder Daeme und Johann Schall von Bell, das Adelsgeschlecht von Finkenberg sowie die Kölner Familie Sudermann, ein Herr Nyte von Birgel und Wernher von Grontsfeld als Besitzer von etlichen Weingärten zu Waldorf genannt. Hinzu kamen die Mönche von Sankt Margreden (= Sankt Maria ad Gradus zu Köln), mit Haus, Hof und Weingärten. Im gesamten Dingstuhl Waldorf, der gegen Ende des 14. Jahrhunderts eingerichtet worden war, und zu dem auch Üllekoven, Kardorf und Hemmerich gehörten, lagen 1449 insgesamt 261 Morgen an Weingärten. Den überwiegenden Teil nannte die freie Bauernschaft ihr eigen, nämlich 233 Morgen. Die von Finkenberg besaßen unter anderem Weingärten auf dem nach ihnen benannten Finkenberg (1464), an der "Luyte" (1464) sowie auf dem "Lethenberg" (1469). Zahlreiche Weingärten gehörten zum Dornergut, der alten Waldorfer Burg, die später unter dem Namen "Pöngshoff" bekannt werden sollte, nachdem nämlich die Kölner Familie von Pfingsthorn dieses Gut erworben und in "Pfingsthof" umbenannt hatte. - Im 15. Jahrhundert war die einst wasserumwehrte Burg, von der heute nur noch geringe Reste an der Sandstraße vorhanden sind, im Besitz der oben genannten Brüder Schall von Bell. Vom 28. Juni 1558 stammt ein Erbteilungsvertrag, in dem die Besitzungen des "Weingartenhofs in Waldorpff" genau aufgelistet sind. Mit Blick auf den Weinbau sind dies: Wingerte auf dem Orteilsberg, in der Fronflacht (hier u.a. ein Wingert namens "Fingerweingart"), Weingärten "im Schelm unten am Landgraffen" (also auf Kardorfer Gebiet), Weingärten hinter dem Kartäuserhof an der Dersdorfer Straße (damals "Proffgasse") sowie verschiedene Weingärten in Kardorf. 1574 wird berichtet, daß dieser Weingartshof viel besser ausgestattet sei als der Weingartshof zu Roisdorf (vgl. weiter oben).

Weitere Weingütchen zu Waldorf waren das dem Kölner Sankt-Kuniberts-Stift gehörende Kerpengütchen in der Kerpengasse (mit drei Morgen Weingärten), das Michelsgütchen des Klosters Blatzheim, das Werlergütchen sowie das Kirregütchen der Kölner Dominikaner. Auch auf dem 1765 neuerrichten Kallenhof am Bannweg wurde etwas Weinbau betrieben. Auf der Ecke Hostertstraße / Büttgasse erhebt sich ein hervorragend renoviertes stattliches Haus aus dem Jahr 1766. Auch dieses Anwesen ist mit der Geschichte des Weinbaus verbunden. Überhaupt sind in Waldorf noch eine ganze Reihe kleinerer und größerer ehemaliger Winzerhöfe auszumachen, so z.B. ein denkmalgeschütztes Weingütchen in der Dersdorfer Straße, unweit des Stadelershofes. - Auch zum alten Waldorfer Pfarrhof gehörte ein Kelterhaus, das der damalige Pfarrer Franz Hermann Birckesdorf (1749 bis 1797 in Waldorf seelsorgerisch tätig) hatte erbauen lassen, wie er selber schrieb: "1750 hab mir aus der darniedergefallenen Scheur Stall und Kelterhaus machen lassen und in den Garten gesetzt."

Im ehemaligen Weinkeller des Rodenkirchener Hofs zu Waldorf lagern noch die alten Weinfässer (Foto: Helmut Thielen, 1985).

Noch ein Wort zum mehrfach genannten Rodenkirchener Hof: Der Hofname ist seit 1426 belegt. Aufgrund besonderer Beziehungen zwischen dem Stift Dietkirchen und den Rittern von Hemberg wurde das Gut den Hembergern ab etwa 1412 als sog. "Mannlehen" gegeben. 1430 und 1449 werden Lepart bzw. Gerhard von Hemberg als Lehensträger des Rodenkirchener Hofs genannt. 1449 gehörten zu diesem Gut sechs Morgen an Weingärten. Die Reben wurden von einem eigens bestellten Weingärtner gegen einen Jahreslohn von 96 Mark gepflegt. Den Hembergern wurde später dieses Lehen wegen erheblicher Pachtrückstände entzogen. Dietkirchen verkaufte nun den Hof an die Grafen von Neuenahr, die das fünfgiebelige, schiefergedeckte Wohnhaus um 1625 neuaufführen ließen, von denen es an die Freiherren von Weichs auf Burg Rösberg gelangte. Am 20. April 1629 war der kurfürstliche Kammerherr und Oberjägermeister Gaudenz Freiherr von Weichs mit der Herrlichkeit Rösberg durch den Kölner Kurfürsten belehnt worden. Zuvor waren die Neuenahrer Herren von Rösberg. 1662 verpachtet nun Ferdinand Freiherr von Weichs den Hof und die Weingärten sowie den unterhalb des Anwesens gelegenen Hostert "zur Berahmung der Weingärten" an Jakob Krupell und dessen Frau Katharina Kleinhauß. Die nachfolgenden Pächter sind uns bekannt. Auch das Üllekovener Weingütchen der Freiherren von Weichs, der später im Volksmund so bezeichnete "Schumachers Hof" gegenüber dem legendären ehemaligen "Schmötz Backes", wurde vom Rodenkirchener Hof aus mitverwaltet. Direkte Vorfahren des Verfassers hatten es 1753 gepachtet. Im Gehöft Rodenkirchen, an dem noch in den fünfziger Jahren ein üppiger Weinstock rankte, befanden sich zahlreiche Gär- und Lagerfässer. Dort war außerdem eine große Kelter in Betrieb. Im 19. Jahrhundert sehen wir das Weingütchen Üllekoven und den Rodenkirchener Hof in bürgerlichen Händen. Mit dem Weinbau auf diesen Höfen war es nun vorbei.

Abschließend muß erneut auf die Kölner Kartäuser hingewiesen werden, die in Waldorf einen bedeutenden wirtschaftlichen Schwerpunkt hatten. Die älteste auf Waldorf bezogene Kartäuserurkunde stammt aus dem Jahr 1349. In ihr wird ein "Hermann de Leyteberg in Wayldorp" als Pächter eines Kartäuserweingartens erwähnt. Der Lethenberg erstreckt sich zwischen Waldorf und Hemmerich; heute befindet sich dort der Waldorfer "Schulwald". Zu den verschiedenen Waldorfer Kartäuserhöfen ist folgendes mitzuteilen: Das älteste Gut der Kartäuser war der befestigte Ederhof, der unterhalb von Üllekoven lag. Dieser Hof und zahlreiche zugehörige Liegenschaften hatten die Kartäuser anno 1398 vom Kapitel des Klosters von Eyck erworben. In einer im selben Jahr erstellten Güterbeschreibung wird unter anderem ein Jan van Kerpen erwähnt, nach dem die Kerpengasse ihren Namen trägt. Auch der Bannweg ("Banwege") findet bereits Erwähnung. Der Heerweg tritt in der Formulierung "boven Olenckhouven bove der Herstrass" in Erscheinung.

In der Steuerdeskription von 1449 sind für Waldorf insgesamt drei den Kartäusern gehörende Weingartshöfe mit nicht ganz 10 Morgen Weingärten ausgewiesen. Im Jahr 1400 wird das Gut "Eederhuyff" erwähnt. Aber schon 1356 erfahren wir von einem "Edere Wingarde an dem Schonewinkel". 1522 heißt es, daß dieser Hof ursprünglich aus zwei Hofstätten bestand. Im Kelterhaus standen "zween großer Budden von 16 Ahmen und drei kleine Budden von 8 Ahmen wie auch 3 Faßbudden und zwey größer schiff, da man die Trauben in pflegt zu treten." 1428 kauften die Kartäuser von Roderich zu Rennenberch und Saffenberch und dessen Ehefrau deren zu "Oelenchoven" gelegenen "Dinghof", der den verräterischen Namen "Winterberg" trug. Das Wortelement "Winter" bezieht sich auf den Weinbau und ist von lateinisch "vinitor" (Winzer) abgeleitet. Die "Winterberger Hoffstatt am Ulligkoffer bergh" (1522) wird als Weingartshof mit Kelterhaus, "Blochbudden" usw. genau spezifiziert. 1452 ist ein "Pilgram van Winterbergh" als Pächter dieses Hofes nachgewiesen. 1417 hatten Ritter Gerhard und seine beiden Brüder Arnold und Heinrich von Hemberg (die damaligen Besitzer der Burg Hemmerich) den Kartäusern den Vorgängerbau des später so bezeichneten Waldorfer Stadelers- oder Statthalterhofs an der heutigen Dersdorfer Straße geschenkt. Bei diesem etwas weiter hangaufwärts gelegenen Hof handelte es sich um den bereits erwähnten Eder- oder Etterhof. Mit einem "Etter" wurde eine palisadenartige Umwehrung bezeichnet. Der spätere Stadelershof wird 1558 ausdrücklich noch als "Carthuserhoff in Waldorff" erwähnt. Die Waldorfer Dingstuhlprotokolle berichten stets nur vom "Kartäuserhof" und dem auf der anderen Straßenseite gelegenen "Kartäuserkamp", wo sich ein Proffweingarten befand. Insgesamt gehörten zu diesem Hof vier Morgen an Wingerten. Der zwischen 1677 und 1704 recht oft genannte Kartäuserhalfe Johann Tillmann nahm an den regelmäßig stattfindenden Waldorfer Gerichtssitzungen "anstatt / an Stelle" eines Kartäusermönches teil. Er war also, wie der Volksmund sagte, ein rechter "Statthalter". Seit dieser Zeit gibt es die Hofbezeichnung "Statthalterhof" bzw. "Stadelershof". Ein weiteres Gütchen der Kölner Kartäusermönche war das nicht mehr bestehende Steinpützhöfchen, dessen Wohnhaus 1602 erbaut worden war und das die Kartäuser am 1. Dezember 1630 von Hermann Schieffer für 200 Reichstaler erworben hatten (und das später der Familie Knapstein gehörte). Es lag im Winkel zwischen Schmiedegasse und Mittelstraße. Da es sich um ein reines Weingut handelte, ist der urkundlich mehrfach zu belegende Irrtum, der Hof hieße "Weinpütz", gut zu verstehen. Ein weiterer Kartäuserhof war das sog. "Kuttenpohlgut" zu Üllekoven. Der Name bezieht sich auf den 1443 belegten "Kutenpoyll", einen Entenpfuhl, der sogar einem Wingert den Namen gegeben hat: 1570 ist die Rede vom "Cuthenvierddel", das dem Stift Dietkirchen schatzpflichtig war. 1522 waren der "Kuttenbroich" und der "Kuttenpütz" im Zusammenhang mit einer Beschreibung dieses Weingartshofs genannt worden. 1576 wird ein "Johann auffm Kuttenpoell" genannt. Noch heute ist in Waldorf und besonders in Üllekoven der Übername "Kutte" geläufig (seit einigen Jahren gibt es z.b. ein Nachbarschaftsfest "bei Kutte Tünn en de Schüer"). Den Kuttenhof hatte nach der Säkularisation am 25. Juli 1806 der damalige Waldorfer Munizipalagent und Ackerer Daniel Bursch (1748 bis 1834), ein direkter Vorfahr des Verfassers, für 5900 Francs erworben. Auf allen diesen Höfen wurde Weinbau betrieben. In zahlreichen Kartäuserakten werden die Keltern und Kelterhäuser genannt. 1534 war ein gewisser Urban, der als "Konverse" bezeichnet wird, Verwalter der Waldorfer Kartäusergüter. Er wird als sehr fleißig und dem Konvent als äußerst nützlich geschildert: "Homo laboriosus et conventui valde proficuus." In Üllekoven baute er mit viel Geschick eine neue Kelter und ein neues Kelterhaus. Auch für Merten-Marsdorf, Bornheim, Kardorf und Trippelsdorf besorgte er neue Keltern. Die größte Kartäuserkelter befand sich im Stadelershof. 1685 wird sie im Zusammenhang mit einer Reparatur erwähnt: "Undt hatt Meyster Henrich unßer Kelter allhie tzu Waldorff in unßerem Weingartz Hoff ahn der proffgaßen repariret undt den kelterbaum mit beschwernuß erneweret." Zu diesem Hof gehörte auch eine Hauskapelle, aus der zwei spätgotische Tafelbilder der Kölner Schule (15. Jahrhundert) in die Waldorfer Pfarrkirche Sankt Michael gelangten. Aus den Kartäuserakten wissen wir, daß der Prior des Kölner Kartäuserklosters im Jahr 1561 der Pfarrkirche zu Waldorf die Mitteltafel des Hochaltars geschenkt hatte.

Kardorf

Über den Kardorfer Weinbau ist schon vieles in dieser Schrift berichtet worden. Hier soll deshalb nur kurz auf einige frühere Kardorfer Weingüter eingegangen werden. Noch bis zur Flurbereinigung in den Jahren 1955 bis 1965 konnte man etliche ehemalige Wingertterrassen zwischen Kardorf und Hemmerich erkennen. Die zahlreichen Rebparzellen gehörten zu Gütern, die sich in bürgerlicher, geistlicher und adeliger Hand befanden.

Weingüter waren der bereits vorgestellte Altenberger Hof (ehemals Eigentum der Jesuiten); der 1401 von Conrad von Tomburg erworbene Tomberger Hof, der 1483 an Jörg von der Leyen verkauft wurde; der "Löngcheshoff" und der gegenübergelegene Krauskopfshof (zwei einst zusammengehörige Kartäusergüter); das im Volksmund so bezeichnete "Belle-Huus", nämlich der schmucke ehemalige Hof der Abtei Knechtsteden; sowie der nicht mehr bestehende Hof des Klosters Benden. Hinzu kommen einige kleinere Weingartshöfe, etwa der abgebrochene Hof der Familie Mandt (Uhlstraße 37), der 1747 erbaut worden war, sowie das in der Mitte des 18. Jahrhunderts spezifizierte Gehöft des Adolf Lieven, zu dem - aktenmäßig nachgewiesen - mehrere Weingärten gehörten. Dieser im Zusammenhang eines Rechtsstreits mit dem damaligen Pfarrer von Rösberg erwähnte Hof lag wohl in der Uhlstraße. Die Lievens, so wurde festgehalten, verkauften eigenen Wein, Branntwein und selbstgebrautes Bier, waren also "in guter nahrung und wirthschaft", wie es heißt. 1738, 1744 und 1758 ist ein kleines Acker- und Weingütchen "oberhalb der Kehre" nachweisbar. Es handelt sich um den freiadeligen Hof des Franz Kaspar Huisch aus Köln, der 1758 an die Kardorfer Eheleute Hubert Bley und Cristine Birkesdorf verkauft wurde.

Das 1760 erbaute und 1970 abgerissene Wohnhaus des Kardorfer Weingartshöfchens "Bendewingesch", das bis zur Säkularisation dem Brühl-Kierberger Kloster "Sankt Maria in den Benden" gehörte. Der Hof stand in der Uhlstraße.

1156 im Zusammenhang mit einem jährlichen Weindeputat von zwei Ohm an das Kloster Schwarzrheindorf genannt (siehe weiter oben), finden wir in der Geschichte Kardorfs durchgehend Hinweise auf den hier besonders intensiv betriebenen Weinbau. Zum 1401 erstmals bezeugten Tomberger Hof, der zeitweilig auch die Bezeichnung "Kempinger Hof" oder "Kempenicher Hof" trug, gehörten 1599 genau sieben Morgen an Weingärten. Um den Altenberger Hof herum erstreckten sich 25 Morgen an Wingerten. 1429 ist in Kardorf ein Weingütchen der Mettel von Braichel (der Ehefrau des Knappen Conrait van Holtorp) mit zugehörigen Weingärten nachgewiesen. 1490 wird hier ein schatzfreier Wingert namens "der Braichler" genannt.

Nachstehend werden drei ehemalige Kardorfer Weingartshöfe etwas eingehender vorgestellt.

Besonders eindrucksvoll dokumentiert ist die Geschichte eines Weingutes, das der alteingesessenen Kardorfer Bevölkerung immer noch unter dem Namen "Bendewingesch" in Erinnerung ist. Abgerissen wurde das Gehöft an der Uhlstraße 1979. In geraffter Form zeichnen wir die Geschichte dieses Gütchens nach: 1296 stellte der Kölner Erzbischof Siegfried den damals bereits bestehenden Weingartshof schatzfrei. In jenem Jahr konnte das Brühl-Kierberger Kloster "Maria in den Benden" (kurz: "Benden") den Hof um einige Liegenschaften vergrößern. Am 8. September 1344 verpachteten Äbtissin und Konvent des Klosters ihre Kardorfer und umliegenden Wingerte an mehrere Pächter. Erwähnt wird in dieser Urkunde das Bender "Torcular in Kardorp", also das Kelterhaus zu Kardorf. Da der Weinbedarf des Klosters sehr hoch war, wurden weitere Rebparzellen hinzuerworben, so anno 1346 von Elsa von Oyssindorp aus Bonn, der Witwe des Mant Ysermann. 1599 besaß das Kloster in Kardorf und im benachbarten Hemmerich nicht ganz vier Morgen an Weingärten. Der Besitz sollte sich stetig vergrößern. 1705 wird das "Kardorper Weingartsguth" genau beschrieben. Seine Weingärten lagen "in der Lindeflacht", "am Zinzelberg", "am Kreuzbaum", "auf dem Rankenberg" usw.; die zugehörigen Rahmbüsche lagen u.a. "an der Stappen" und "auf dem Rott". Von 1703 bis 1705 hatte das Kloster wegen einer ihm zustehenden Erbrente aus einem Kardorfer Weingarten gegen die Jesuiten prozessiert. 1760 war zur Amtszeit der Äbtissin Agnes Hürth das Wohnhaus des Gütchens neugebaut worden. Nach der Säkularisation scheint der Weinbau dieses ehemaligen Klosterguts rapide zurückgegangen zu sein.

Nachweislich war die Abtei Knechtsteden bei Neuss seit dem Jahr 1302 in Kardorf begütert. Ein abteilicher Hof ist seit 1381 belegt. Seine Lage wird mit "up der Kehren zo Cardorph" sehr genau beschrieben. Es handelt sich um den nunmehr im Besitz der Familie Christian Engels aus Merten sich befindenden malerischen Hof auf der Ecke Lindenstraße / Travenstraße. Die Familie Engels hat dieses historische Gehöft, dessen baugeschichtlich hochinteressantes jetziges Wohnhaus von etwa 1585 stammt, erst vor kurzem in alten Formen fachgerecht restauriert. 1449 bewirtschaftete Grete vom (Kardorfer) Rankenberg diesen Hof, zu dem damals dreieinhalb Morgen an Weingärten gehörten. 1599 waren es nicht ganz drei Morgen an Wingerten, die einen Verkehrswert von 90 Talern hatten. Das im Volksmund so bezeichnete "Belle-Huus" ist heute wohl mit Abstand das interessanteste ehemalige Winzergehöft des gesamten mittleren Vorgebirges! Vergleichbare Bausubstanz findet man noch in Gielsdorf und in Oedekoven.

Das über 400 Jahre alte ehemalige Weingut der Abtei Knechtsteden zu Kardorf (im Volksmund als "Belle-Huus" bekannt).

Seit 1349 ist Liegenschaftsbesitz der Kölner Kartäuser zu Kardorf nachzuweisen. Im Jahr 1359 schenkte Peter Münstereifel, Kanoniker in Kyllburg, der Kartause Sankt Barbara zum Ankauf von Liegenschaften in Kardorf 1600 Mark. Diese Ländereien hatten zuvor dem Sluntwin von Rodesberg (= Rösberg) gehört. In den Kartäuserakten werden gegen Ende des 14. Jahrhunderts die Eheleute Tiel an me Rankenbergh und Paitze van me Rankenbergh als Wohltäter der Mönche genannt. Sie besaßen ein Haus am Kardorfer Rankenberg und schenkten der Kartause unter anderem zwei Fuder Wein. - Zunächst besaßen die Kartäuser noch keinen Hof in Kardorf. Einen solchen erwarben sie im Juni 1380. Dieser Hof hatte zuvor dem Junker Johann von Bodenheim gehört, der auch in Hemmerich mit einem Hof (anno 1360: "Bodenheymerhof") begütert war. Sein Kardorfer Gut trug den Namen "Schoynhoven". Die Erben des Johann von Bodenheim, Johann van Vischenich und dessen Ehefrau Sophia, wohnhaft zu Bodenheim bei Lommersum (heute Gemeinde Weilerswist), verkauften ihr Erbe zu Kardorf, und zwar Hof, Haus, Kelter usw., 1,5 Morgen Weingarten sowie neun Morgen Wald oberhalb von Hemmerich. Der Name "Bodenheim" ist noch tradiert in der Kardorf-Hemmericher Gemarkungsbezeichnung "Bodenheimer Fläche" sowie im 1693 belegten Flurnamen "im Bodenhostert". - Vom Jahr 1522 stammt ein Besitzverzeichnis, das unter anderem für den Kardorfer Kartäuserhof ein Kelterhaus mit zwei "Blochbudden" zu je zwei bzw. drei Fuder Fassungsvermögen ausweist. 1534 erhielt der Hof eine neue Kelter. 1671 gehörten zu diesem Gut viereinhalb Morgen Weingärten. 1775 war das Wohnhaus erneuert worden. Im 19. Jahrhundert besaß die Familie Lux den alten Hof, auf dem sie bis etwa 1900 Weinbau betrieb.

Auf der gegenüberliegenden Seite des "Löngcheshofs" erhob sich der "Krauskopshof" im Winkel zwischen Moosgarten und Uhlstraße, also dicht unterhalb des Buligs. Dieses Höfchen gehörte ebenfalls den Kartäusern. In einem Rechnungsbuch der Pfarrei Sankt Markus zu Rösberg wird unter dem Datum des 17. Septembers 1771 ein "jois staeffer Krußkops halfen" als Zeuge in einer Rechtsangelegenheit erwähnt. Der Hof befand sich am Fuß des Krauskopfbergs. Zu ihm gehörten nur ein paar kleinere Weingärten. Er erfüllte hauptsächlich, wie der Bisdorfer Hof im Kirchspiel Brenig, die Aufgabe eines sog. Bauhofs. So verwundert es nicht, daß jeder der beiden benachbarten Kartäuserhöfe von einem eigenen Halbwinner bewirtschaftet wurde.

Hemmerich

Über den sog. "schäumenden Hemberger", einen hier einst hergestellten Sekt, und den "spannschen" Rotwein wurde bereits in früheren Kapiteln berichtet. Folgendes ist mit Blick auf den früheren Weinbau in Hemmerich, das bereits öfter in dieser Schrift genannt wurde, in Kurzform hinzuzufügen:

In der ältesten Hemmerich betreffenden Urkunde aus dem Jahr 1163, einem Schriftstück des Stiftes Dietkirchen, wird der Vogt Rudolphus de Himberg (= Hemmerich) als Zeuge erwähnt. Dies läßt auf einen damals bereits bestehenden Dietkirchener Hof in Hemmerich schließen. Tatsächlich ist ein solcher Hof 1360 belegt. Das Gehöft trug nach seinem Pächter bzw. Lehensinhaber Johann von Bodenheim den Namen "Bodenheimer Hof" (vgl. hier auch unter Kardorf). Zu diesem Hof gehörte unter anderem die Weinlage "Bodenheimer Fläche", die noch auf einer Katasterkarte von 1937 namentlich erwähnt wird. Seit dem 15. Jahrhundert vergab die Äbtissin von Dietkirchen ihre Hemmericher Wingerte an verschiedene Lehensnehmer.

Die südniederländische Abtei Klosterrath (Rolduc) besaß 1225 einen Weingarten in Hemmerich, der an einen Amelungus von Merreche (= Brühl-Kierberg) gegen 12 Denare verpachtet war.

Symon de Himberg hatte 1293 vom Kölner Sankt-Apostel-Stift im Kirchspiel Brenig einen halben Morgen Weingarten zu Lehen. Dafür zahlte er jährlich zwei Denare.

Gerlach von Dollendorf trug am 17. März 1278 dem Grafen Walram von Jülich seine Güter zu Heymberg (Hemmerich) gegen die jährliche Abgabe von zwei Fuder Wein zu Lehen auf. - Im selben Jahr nannte Johann Schönberg, Ritter zu Schovenberg, Weingärten zu Hemmerich sein eigen, die er dem Herzog von Jülich zu Lehen stellte.

Der Weinzehnt zu Hemmerich war aufgeteilt. Ein Fuder Weinzehnt (das machte ein Drittel des Hemmericher Weinzehnten aus) gehörte 1449 der Herrschaft von Schoneck. Einen weiteren Anteil besaß damals der Herr von Haisworter. Den restlichen Anteil nannten die Grafen von Manderscheid und Blankenheim ihr eigen.

Der Hasenhof in Hemmerich (um 1820).

Die Pfarrkirche Sankt Aegidius besaß in Hemmerich und Kardorf mehrere Weingärten. Ein Weinpachtverzeichnis ab dem Jahr 1652 gibt darüber Auskunft. So gehörten der Hemmericher Kirche unter anderem Weingärten auf dem "Lethenberg" (Waldorf), "im Brey" (Kardorf), "auf dem Steiling", "in der Schmitten", "auf dem Rankenberg" (Kardorf) usw. Einzelne Kirchenwingerte hießen "der Baltzer", "der Lömer" oder der "Zapphahn".

Aus dem Jahr 1671 stammt ein Verzeichnis der in Hemmerich begüterten geistlichen Institutionen, die allesamt Weingärten besaßen: Die Regularier von Neuss 3/4 Morgen Weingarten, Kloster Mariengarten zu Köln einen Morgen Weingarten, die Kölner Vikarie Sankt Margaretha 3/4 Morgen und der Kanoniker Werden an der Kölner Kirche Sankt Andreas einen halben Morgen Weingarten.

Von einzelnen Hemmericher Weingartshöfen sind die Burg, der Vikariehof in der damals so bezeichneten Corporalsgasse (seit 1951: Maaßenstraße), der Kreuzherrenhof (Ecke Pützgasse / Strombergstraße (früher Runkelsgasse), der nicht mehr bestehende Lützrather Hof (17. Jahrhundert), das ehemalige Höfchen des Klosters Schillingskapellen (Ecke Wasemstraße / Jennerstraße), der einstige Lölgenshof (nachmalig im Besitz der Freiherren von

Weichs auf Burg Rösberg, 18. Jahrhundert) und vor allem der Hasenhof in der oberen Pützgasse zu nennen. Im 18. Jahrhundert gehörten zu diesem Hof Weingärten "auf dem Vendel", "in der Penten", "auf dem Steiling" (im Dialekt: "Steelich") und "auf dem Klinkenberg". - Der Hasenhof war dem Kölner Stift Sankt Severin, das seit 1348 in Hemmerich unter anderem mit mehreren Weingärten begütert war, von Anna von Haes zu Bolheim für 4000 Reichstaler und 215 Goldgulden verkauft worden (daher der heute noch geläufige Name "Hasenhof"). In der Folgezeit wurde dieses Acker- und Weingut, zu dem 1769 knapp fünf Morgen an Weingärten gehörten, auch "Severinshof" genannt. Die Weinerträge, die zur Hälfte im Kölner Stift Sankt Severin abzuliefern waren, konnten sich meist sehen lassen. Der Hasenhof selbst verfügte über einen doppelstöckigen Weinkeller. In der Mitte des 18. Jahrhunderts wurde das heute noch bestehende Wohnhaus neugebaut. Außerdem ließen die Severinsherren zur selben Zeit auf der gegenüberliegenden Seite ein weiteres Gehöft errichten. Diese heute in veränderter Form fortbestehende Hofstelle wurde "Neuenhof" genannt. In der heutigen Höferolle ist dieses Anwesen der Familie Faßbender wegen seiner Nähe zum historischen Heerweg unter dem Namen "Heerweghof" eingetragen. Während der Hasenhof damals ein reines Weingut war, galt der Neuenhof als reines Akkergut.

Zur Hemmericher Burg gehörten 1449 ungefähr sechs Morgen Weingärten, die von Weingärtnern bearbeitet wurden. 1534 hatte sich der Wingertbesitz vergrößert, denn nunmehr waren knapp neun Morgen zu bewirtschaften. 1691 und 1743 wird der "Burgweingarten" erwähnt.

Just im Revolutionsjahr 1848 wurde in Hemmerich der Weinbau aufgegeben. Ihm folgte auf breiter Front der ergiebigere Obst- und Gemüseanbau.

Rösberg

Auf allen größeren Rösberger Höfen wurde vom Mittelalter an Weinbau betrieben. Des "herrn kelterhaus" wird im Weistum von etwa 1595 erwähnt. Es lag an der damaligen Klingelsgasse. In seiner 1830 veröffentlichten "Topographisch-Statistischen Beschreibung der Königlich Preußischen Rheinprovinzen" machte F. von Restorff mit Bezug auf Rösberg die wenig schmeichelhafte Bemerkung: "Der gewonnene Wein ist nur mittelmäßig." So mag es die Jahrhunderte hindurch gewesen sein, denn schon 1681 beklagte sich der Kellner der kurfürstlichen Burg zu Brühl über den Sauren "Reußperger".

Die dem Weistum angefügte Bannbeschreibung der ehemaligen Herrlichkeit Rösberg listet folgende Weingärten auf: "Weingart des Churf(ürsten) zu Colln", "weingart gnant der Herbergh", "des alden Soentgens weingart", "hullen Kerstgens weingart", "des hern (von Rösberg) weingart".

Der Rösberger Weinbau ist seit 1367 dokumentiert. In jenem Jahr verkauften Walraff Scheiffart (I.) von Merode und seine Frau Gryn von Wylre (= Weilerswist) dem Jakob von Kaldenhausen Weinberge in der Gemarkung "Rodesberg" (Rösberg).

Blick von Merten her auf Rösberg, mit dem 1731 fertiggestellten Schloß (Zeichnung von Renier Roidkin, um 1735). An etlichen Stellen des Vorgebirgshanges erkennt man Weinreben.

Vor den Schöffen von Rösberg empfingen 1383 die Eheleute Tilo und Katharina von dem Kölner Konvent Mariengarten zwei Viertel an Weingärten, dazu einen Erbzins von einem halben Ohm Wein, der dort angebaut wurde. Ein Rösberger Weinhof dieses Klosters ist 1458 bezeugt. Für dasselbe Jahr ist auch ein Weingütchen des Henken Jakobs Sohn dokumentiert.

Auch das Kölner Kloster Sankt Apern besaß in Rösberg ein Weingut. Es lag an der unteren Knipgasse und hieß deshalb "Kniphof". Die jeweiligen "Kniphalfen" sind weitgehend bekannt. 1614 wird das "Keltesch" (= Kelterhaus) dieses Hofs ausdrücklich erwähnt.

Am 17. September 1406 wird ein Christian "in dem Winterhoyve" genannt. Der Name ist mit "Winzerhof" zu übersetzen. Wir wissen indessen nicht, welcher Hof gemeint ist. - Auch in Waldorf-Üllekoven (siehe oben) gab es einmal ein "Winterhof" genanntes Weingut. Die Erbpacht von diesem Hof betrug vom vierten Herbst an ein halbes Ohm Wein.

Auch die Kölner Fronleichnamsherren waren in Rösberg mit einigen Wingerten begütert. Sie werden 1690, 1701 und 1771 erwähnt.

Das Kölner Stift Sankt Georg besaß in Rösberg seit der Ersterwähnung des Dorfes anno 1067 den trockenen und nassen Zehnten, der ihm in den nachfolgenden Jahrhunderten mehrfach bestätigt wurde. An der Proffgasse lag der stattliche Zehnthof dieser geistlichen Institution. Zu diesem oft genannten Zehnthof gehörte auch ein eigenes Kelterhaus. Die gesamte Hofanlage wurde um 1860 niedergelegt. Die zugehörigen Weingärten lagen zwischen Rösberg und Merten, u.a. "uffm Buffert", "am Beil" und "am Köppchesreen".

Die meisten Weingärten gehörten zur Burg bzw. zum späteren Schloß Rösberg, wo sich ebenfalls ein Keltergebäude befand. Das von Dietrich Höroldt 1981 in Regestform veröffentlichte Burgarchiv erteilt darüber erschöpfend Auskunft. Das Kelterhaus lag im rechten Wirtschaftsflügel des ab 1729 neuerbauten Schlosses, während die Weinkreszenz in den geräumigen Kellern des Herrenhauses lagerte. Der sich südöstlich der Schloßanlage befindende Greesberg galt als Hauswingert. Hier wurde der Wein an Donnenspalieren gezogen.

Merten mit Trippelsdorf und dem untergegangenen Marsdorf

Über den Mertener Weinbau allein ließe sich ein ganzes Buch schreiben. Allein die Größe der Rebfläche ist beeindruckend; sie betrug 1671 für Merten und Trippelsdorf zusammen 138 Morgen. Angebaut wurde vorzugsweise Rotwein.

An vielen Stellen dieser Darstellung sind schon Hinweise auf den Mertener und Trippelsdorfer Weinbau gegeben worden. Deshalb sollen hier nur noch einige wenige Daten vermittelt werden.

Der Kölner Erzbischof Siegfried, Domscholastikus Wilhelm und Ritter Gerhard Scherfgin fällten 1280 den Schiedsspruch, daß Gräfin Mechtildis von Sayn den Herrn Johann von Reifferscheid unter anderem mit acht Fuder ("carrata") Wein nach kölnischem Maß aus ihren Gütern zu Merten bei Rösberg zu belehnen hatte ("apud S. Martinum juxta Rudensperg").

Im untergegangenen Ortsteil Marsdorf (oberhalb des Klosters; dort lag die "Marsdorfer Fläche" als Rebgelände) und in Trippelsdorf besaßen die Kölner Kartäuser jeweils einen Weingartshof, zu dem eigene Kelterhäuser und zahlreiche Wingerte gehörten. Den Trippelsdorfer Hof erwarben sie 1398

Das ehemalige Weingut des Michael Düx zu Merten (1812).

mit anderthalb Morgen Weingärten von Johann Groißenroide, einem Mönch an Sankt Martin zu Köln, der dieses Gütchen geerbt hatte. 1522 erfahren wir, daß die Kartäuser freilich diesen Hof wieder (für 300 Reichstaler) verkauft hatten, "weilen uns unnötig". Präzisierend heißt es: "Zu wissen, daß diese zu Trevelsdorff gewesenen und also restirende Weingärten und das Landt und buschen in den Hoff zu Marstorff gethan" wurden. Ihren Marsdorfer Hof hatten sie per Kaufvertrag von Johann von Gymnich und dessen Frau Maria Quaede anno 1428 erhalten. Der Weinbau der Kartäuser spielte in Merten und Trippelsdorf eine bedeutende Rolle. Gegen bestimmte Auflagen genehmigten im Jahr 1436 die Schöffen des Kirchspiels Merten den Kartäusern, daß diese als erste mit der Weinlese am Ort beginnen durften.

Das Liblarer Kloster Frauenthal, die Kölner Klöster Mariengarten (dieses besaß seit 1367 in Trippelsdorf das sog. "Honnefer Gut") und Sankt Apern, die Ritter von Hemmerich (1378), Konrad von Kühlseggen (1398; einer Wasserburg zwischen Weilerswist und Bliesheim) die Fronleichnamsherren aus Köln, das Domstift, die Jesuiten (auf dem Mönchshof), der Landkomtur des Deutschen Ritterordens an Sankt Katharina zu Köln (sein Besitztum war der Hubertushof zu Trippelsdorf, der 1849 in den Besitz der Jägerfamilie Soutschka gelangte), die Kölner Kommende Sankt Johann und Cordula des Johanniter- bzw. Malteserordens (ihnen gehörte der schon 1320 genannte Stadelhof in der Schottgasse, der auch "Jakordenhof" genannt wurde und dessen Weinpacht "unzerteilt in unser Faß von dem besten Gewächs aus voller Budden",1782, zu liefern war), die Mertener Vikarie Sankt Barbara und viele andere Eigentümer waren hier mit Wingerten und Winzerhöfen zum Teil reich begütert. Die erwähnte Vikarie war 1412 von Kanonikus Johannes Rödesberg (Rösberg) gestiftet und ausgestattet worden. Zu den

Dotationsgütern zählten unter anderem der Hof Eiffelberg in Rösberg sowie ein Weingütchen zu Merten mit eigenem Kelterhaus. 1654 gehörten zur Vikarie Sankt Barbara dreieinhalb Morgen Weingärten.

Das größte Mertener Weingut war ein heute noch bestehendes Gehöft in der Wagnerstraße, früher Fußgasse. Dieses einst mehrfach parzellierte Gut hieß "Hof in der Fußgasse", "die Fußgaß" (so etwa 1685) oder dialektal "Fussjassesch". Das ehemalige kurfürstliche Tafelgut, ein Fron- oder Herrenhof par excellence, wechselte 1695 den Besitzer. Seither nannten die Freiherren von Weichs auf Burg Rösberg diesen Hof ihr eigen. Erworben hatten sie ihn für 14500 Reichstaler. Der neue Rösberger Grundherr hatte im November 1695 eine sog. "Okularinspektion" dieses Gutes vornehmen lassen und einige Reparaturen, unter anderem am Kelterhaus, angeordnet. Das notarielle Protokoll endet mit der Formulierung: "Actum et declaratum in der Fuhssgassen zu S. Mertin." Am 10. November 1696 wird Theodor Adolf Freiherr von Weichs als "Pfandherr zu Fußgaßen" bezeichnet. Zunächst gehörte dem Kölner Kurfürsten jener Fron- oder Herrenhof, der als Tafelgut zur Versorgung der kurfürstlichen Küche zu Brühl diente. Auf dem Hof tagte ein eigenes Schöffengericht. Der Schultheiß bearbeitete einen Teil des Hofes selbst, der Rest war in Halbpacht gegeben. Der Schultheiß mußte dem Mertener Pfarrer u.a. jedes Jahr 147 Liter Meßwein sowie etliche Weinbergrahmen liefern. Maaßen schrieb 1885: "Den Herren von Rösberg, zuletzt Freiherrn von Weichs, gehörte der bedeutendste Hof in der Fußgasse, jetzt Eigenthum des Herrn Bürgers in Köln. Dieselben hatten auch Weinberge in den obern Geländen zwischen der neuen Kirche und der alten Schule und in der Nähe eine Kelter. Leibeigene waren ehemals zu den Winzerarbeiten verpflichtet." Vor 200 Jahren gehörten zu diesem Hof stattliche 15 Morgen an Weingärten.

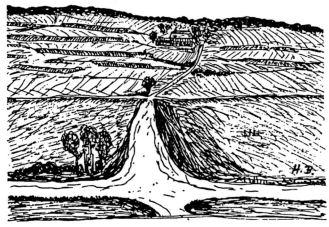

Alte Weinbergterrassen zwischen Trippelsdorf und Walberberg.

Oberhalb von Merten-Trippelsdorf liegt Gut Londorf, das bereits 1375 mit der Angabe einer Weinrente urkundlich erwähnt wird. Höchst aufschlußreich ist das Londorfer Pacht- und Zinsregister der Grafen von der Leyen, die dieses Gut einst besaßen. 1445 wird ihr Hofgut beschrieben als gelegen "zo Lunrieke (= Londorf) in dem kirspel (= Kirchspiel) van sent Mertyn in dem vurbrucke (= Vorgebirge)." Der Beschreibung der Hofstatt dienten folgende Worte: "Item zo dem yrsten hayn wir dat huyß genant Luynricke bynnen synen grave, Wyer, Edern ind zuynen ind myt allen synen Bungarden, buyschen, wyeren ind Wyngarden." Zu diesem Gut gehörte ein Nebenhaus, genannt "das Wasserschaff": "Dae yne woynt der Wyngarder, ind by dem selve huyse lygent vier morgen Wyngartz." Aus der Fülle an Angaben aus dem erwähnten Register greifen wir willkürlich zwei Beispiele heraus: "Thenß scheyffer yrre man van Theynß schraders dochter wegen van syne Wyngart in dem Dale und daß iß eyn pint und gilt dan aff an Weiß 1 firdel und eyn vierdel eyns Capuns / Item die selve van eyme Wyngart byme houltzwege und schuyst up dat Püysgen (= kleiner Pausweingarten) und gilt dan aff an Weyß (= Weizen) 1 firdel und eyn vierdel van eyme hoen (= Huhn)."

Ein Rechnungsbuch der Pfarrei Sankt Martinus berichtet vom damaligen Pastor Johann Simonis von der Hagen: "Item hab zum unterpfandt gesetzt daß anno 1704 den 27 october von herrn Joanne Bouchem und Agnes obladens Eleut Bürgern in Cöln gekaufften weingartz guth sampt zubehör (...), item kelterhauß, Kelter gezeugh, budden etc." - Überhaupt wird die Mertener Pfarrgeistlichkeit sehr häufig mit Blick auf den Wein erwähnt. So gehörten zum Mertener Pfarrgut im Jahr 1410 zwei Morgen Weingarten. Zu den Einkünften des Pfarrers zählte u.a. der sog. "halbe Zehnt" (der "große" Zehnt stand dem Inhaber des Fronhofs in der Fußgasse zu). Allein der Weinzehnt wurde ihm ab 1630 von 20 Morgen geliefert (1410 waren es lediglich drei Morgen). Die betreffenden Weinparzellen lagen auf dem Kuckstein, in der Leverflechten, in der Hellkotten bzw. in der Kuckhell, im Luschart, auf dem oft erwähnten Faularsch, in der Wimmar, im Rausack, am Sackereiß (= auf dem Zachaäus), sowie am Holzweg.

Diese Beispiele ließen sich mühelos fortsetzen. Der Mertener Pfarrer Johann Mathias Abels, der an der Pfarrkirche Sankt Martin von 1834 bis zu seinem Tod 1882 wirkte, war nachweislich der letzte Winzer zu Merten. Er wird 1858 in einer Weinbaustatistik erwähnt. Im Nebenort Trippelsdorf beackerte die Witwe des Anton Moll im selben Jahr letztmalig ihren Wingert. Der Pfarrer benutzte seinen selbstgekelterten Wein als Meßwein. Die Trippelsdorfer Winzerin und der geistliche Winzer aus Merten ernteten ihre Trauben am 2. Oktober 1858. Die sonst übliche Moststeuer brauchten sie nicht mehr zu bezahlen.

Sechtem

In Sechtem, das zwei Kilometer entfernt vom Vorgebirgshang in der Ebene liegt, ist nie sehr viel Weinbau betrieben worden. Gleichwohl erstaunt zum Beispiel die Weinmenge, die das Bonner Stift Dietkirchen von seinem Sechtemer Gut, dem später so bezeichneten Ophof, im Jahre 1430 erzielte: Es waren vier Fuder!

Die 1734 neuerbaute Zehntscheune des Ophofs zu Sechtem, der bis zur Säkularisation dem Bonner Stift Dietkirchen gehörte. Nach ihrem Abbruch 1973 befindet sie sich im Rheinischen Freilichtmuseum zu Kommern.

Vom 25. November 1600 stammt ein Pachtvertrag, der den freiadeligen Hof Saalweiden teilweise als Weingut ausweist. Er gehörte damals der Ehefrau des Bertram von Nesselrode. Der neue Pächter war Johann Schmitz aus Niederkassel. Aenne Hansmann referiert den Inhalt des Pachtvertags wie folgt: "Von dem zum Gut gehörenden Weinberg 'im dorff und in der bitzen hinder dem hoff, zwischen dem dorff' gelegen, insgesamt 4 Morgen, soll der Pächter 2 Morgen zur Halbscheid bewirtschaften. Da der ganze Weingarten neu angepflanzt werden muß, bestellt der Verpächter auch die 2 Morgen, die der Pächter bearbeiten wird, mit neuen Schnittlingen, und läßt die Arbeit des Setzens und Grabens ausführen. Die übrige Arbeit, insbesondere das Rahmen (Pfähle) setzen, soll der Pächter tun. Das Holz darf er aus den zum Hof gehörigen Büschen nehmen. Die übrigen 2 Morgen kann der Verpächter einem Weingärtner überlassen, dem soll der Pächter jährlich 200 Roggenbuschen und 50 Haferbuschen liefern, damit er seine Tiere unterhalten und das 'Weingartzpletzgen' im Dorf bessern kann. Ferner soll der Weingärtner Mist aus dem Hof und den Schafstellen erhalten, soviel er braucht. Der Verpächter weist dem Pächter 200 Fuder Heu an." In den zum Hof Saalweiden gehörenden Büschen wuchsen überwiegend "Rahmhecken", für deren kontinuierliche Neuanpflanzung der Pächter Sorge zu tragen hatte.

Aufschlußreich ist ein Verzeichnis aus dem Jahr 1672. Diesem zufolge gehörten zur Weißen Burg damals etwa 1,5 Morgen an Weingärten. Zum sog. Dorhof des Grafen Beißel von Gymnich gehörten 2/4 Morgen, und zum Hof der Familie von Siegenhofen genannt Anstel zu Holtorp zählte 1/4 Morgen an Wingerten.

1682 ließ Jacob Beller, hochfürstlich Paderborner und Münsteraner Kammerherr in Sechtem am Ort eines verfallenen Heiligenhäuschens die heute noch bzw. wieder von vielen Pilgern besuchte Wendelinuskapelle erbauen. Dazu stiftete er seine ganzen zu Sechtem gelegenen Güter, u.a. auch "einen Morgen Weingart", wie es in der erhalten gebliebenen Stiftungsurkunde ausdrücklich heißt.

Ein hohes Ansehen nicht nur in Sechtem, sondern im gesamten Vorgebirge genoß die kurz nach 1500 gegründete Sankt-Anna-Bruderschaft. Sie besaß laut Akte vom 5. November 1753 u.a. einen halben Morgen Weingarten. - Auf der französischen Tranchot-Karte von 1807/08 ist in Sechtem kein einziger Weingarten mehr verzeichnet. Der Weinbau scheint hier um 1800 erloschen zu sein.

Walberberg

Die ältesten Nachrichten vom Weinbau zu Walberberg sind mit der Geschichte der Abtei Klosterrath (Rolduc) bei Herzogenrath verknüpft. So schenkte Winricus von Walberberg ("de Monte Sanctae Walburgis"), ein Ministeriale des Grafen von Saffenberg, der Abteikirche zu Klosterrath anno 1126 einen zwischen Walberberg und Trippelsdorf gelegenen Weingarten.

1246 erfahren wir von einem Hof des Eifelklosters Niederehe, zu dem einige Weingärten gehörten. Auch die (wie in Kardorf begüterte) Abtei Knechtsteden war zu Walberberg mit Wingerten ausgestattet, ebenso das Siebengebirgskloster Heisterbach, das im Ort Haus und Hof besaß. Über einen Morgen Weingarten zu Walberberg besaßen 1672 die auf der Burg Schwadorf wohnenden Herren Schall von Bell, während im selben Jahr die Herren von Wiedendorf knapp zwei Morgen Weingärten in Walberberg ihr eigen nannten. Der Rheindorfer Burg, dem heutigen Sitz des Dominikanerkonvents, gehörten damals gleichfalls zwei Morgen Weingärten, während die Kitzburg etwas über drei Morgen an Wingerten besaß, die von mehreren Weingärtnern bearbeitet wurden.

Weinstöcke (links) auf dem Schallenberg zu Walberberg.
Rechts die im toskanischen Landhausstil erbaute Kitzburg.
Zeichnung von Renier Roidkin, um 1730.

Die Kölner Kartäuser besaßen 1522 in Walberberg einen Morgen Weingarten, "da uns Hauß und Kelterhauß auf plag (zu) stehen, schießt rheinwärts auf den gemeinen Landtgraffen."

Recht üppig waren seit 1591 die Jesuiten in Walberberg ausgestattet. Sie besaßen dort den Klosterhof mit dem Zehnten, die Stahlburg (ein ehemaliges Acker- und Winzergehöft) sowie die Rheindorfer Burg. Im 17. Jahrhundert gehörten ihnen allein in Walberberg nahezu acht Morgen an Weingärten. In Trippelsdorf gehörte ihnen der Mönchshof, in Kardorf der Altenberger Hof und in Dersdorf der Feldhof. Alle diese Hofstellen waren Weingüter (siehe weiter oben).

Im Jahr 1842 gab es in Walberberg noch vier Winzer: Einer zog den Wein an Donnen, zwei bevorzugten Spaliere und der vierte ließ die Trauben an Rebstöcken wachsen. Wenige Jahre später wurde hier der Weinbau aufgegeben.

Noch heute kann man beim Durchstreifen des Ortes zahlreiche kleinere und größere ehemalige Winzerhöfe ausmachen. - Stellvertretend für die übrigen Weingüter werden nachstehend mit Blick auf den früheren Weinbau der Fronhof sowie das ehemalige Gut des Brühl-Kierberger Klosters Benden, von dem ja schon öfters die Rede war, skizziert.

Anno 1311 wird der damals bereits bestehende Fronhof zu Walberberg erstmalig urkundlich erwähnt. Das Besondere an ihm war, wie Thomas Oster 1993 festhielt, "die Trennung von Grundherrschaft (mindestens seit dem

Hochmittelalter das Kölner Domkapitel) und Zehnt (welcher an die Pfarrkirche bzw. später an das Kloster zu entrichten war)." Dem Walberberger Fronhof gegenüber abgabenpflichtig waren all diejenigen, "denen Güter des Fronhofes übertragen worden waren" (Oster).

1311 bekundete der Domdechant Ernest, vom Domkapitel zu Köln den Hof Walberberg für einen Jahreszins von 48 Mark Sterlinge statt der früheren 24 Fuder Wein (!) gepachtet zu haben. Bereits 1244 besaß das Domkapitel in Walberberg ein Rentamt, zu dem einige Weingärten gehörten. Von diesen Weingärten verlieh das Domkapitel am 13. November 1304 zweieinhalb Morgen Weingärten an die Brüder Johann und Gebhard von Krewinkel. Krewinkel war eine kleine Hofsiedlung in der Nähe der Kitzburg. Die Wingerte hatte das Domkapitel vom Bonner Stift Dietkirchen als Zins erhalten (der Hof Krewinkel oder Krawinkel bzw. Krenkel gehörte diesem Stift); sie lagen am Keierberg. Die Pächter mußten von diesen Wingerten dem Domkapitel jährlich ein Fuder Wein liefern. Dem Heiner von Keierberg verlieh das Domkapitel zeitgleich einen Morgen Weingarten gegen eine jährliche Pacht von zwei Ohm Wein. - 1388 erwarb das Domkapitel noch den Hof beim Hexenturm, der bis dahin dem Knappen Konrad von Holtorp und seiner Ehefrau gehört hatte. Zu diesem Hof gehörten damals "vunf morgen wyngarden (...); voirt dru vyrdel wyngarden, die umb den halven wyn zu verleent synt; item eyn vuder wyngulden (...); voirt dat wynhus alda." Von dem Weinhaus war bereits weiter oben die Rede. Ein Güterverzeichnis von 1599 gibt für den Fronhof nur noch einen Morgen Weingarten an. Der auf diesem Hof betriebene Weinbau ging in der Folgezeit zugunsten des Ackerbaus immer weiter zurück.

*

Auf dem Schallenberg zu Walberberg besaß das Kloster Benden ein Weingut, das 1705 auch mit Blick auf die davorliegende Zeit recht genau geschildert wird. So hatte die Abtei Klosterrath dieses "weingarts güthgen tzu Walpurberg" 1287 dem Kloster Benden "mit haus und hoff, 22 m(orgen) arthlandts, drey morgen drey viertel weingarten und 18 morgen busch" verkauft. Auch in späterer Zeit lagen die Weingärten des Bendener Hofs u.a. in der "pflachten", "in der Köttinger pflachten", "in des Hores bongart", "auf der Hostert" sowie in der Badorfer Gemarkung ("unten unsem haus tzu Eckdorpf"). Insgesamt gehörten zum Bendener Hof auf dem Schallenberg vier Morgen Weingärten. Das Gut war in Halbpacht gegeben.

Auf dem Schallenberg lag ein weiteres Weingütchen, das hier nicht unerwähnt bleiben soll: Johann Kyrstchen und seine Frau Gretchen verpfändeten ihren Hof, die Baum- und Weingärten auf dem Schallenberg 1516 für die

Stiftung eines Goldguldens an die weiter oben bereits erwähnte Sankt-Anna-Bruderschaft zu Sechtem.

Weingärten oberhalb der Pfarrkirche Sankt Walburga zu Walberberg.
Ausschnitt aus dem sog. "Jodokusbild" in der Kirche von etwa 1700.

Auf dem sog. "Jodokusbild" in der Pfarrkirche Sankt Walburga, das um 1700 gemalt wurde, erkennt man oberhalb von Kirche und Klosterhof deutlich einige Weingärten (Jodokus ist der zweite Walberberger Pfarrpatron). Auch auf einer von Renier Roidkin um 1730 gezeichneten Ansicht der Kitzburg sind ausgedehnte Weingärten zu sehen. - Im Gegensatz zum benachbarten Merten und Trippelsdorf hat der Weinanbau in Walberberg freilich insgesamt nur eine untergeordnete Rolle gespielt.

Badorf mit Eckdorf und Geildorf

In Badorf mit den zugehörigen Ortsteilen Eckdorf und Geildorf gab es eine ganze Reihe von kleinen Weingütern. Den größten Hof, mit dem auch die örtliche Grundherrschaft verbunden war, besaß das Kölner Kloster Sankt Pantaleon. Diesen später so genannten Abtshof hatte Erzbischof Bruno 965

den Mönchen von Sankt Pantaleon "in villa Bavingan" (= Badorf) geschenkt. Über die Jahrhunderte hinweg ist der Weinbau auf diesem Hof urkunden- und aktenmäßig dokumentiert. Darüber wurde bereits weiter oben berichtet. Eine frühe Angabe soll an dieser Stelle hinzugefügt werden: Um 1224 schenkte Abt Heinrich seinem Klosterkonvent die Erträge eines Weinbergs zu "Bedorp", den er mit neuen Rahmen hatte besetzen lassen. Dazu kam eine Hufe mit Haus und zweieinhalb Morgen neuangelegten Weingärten.

Das 1197 gegründete und 1447 aufgelöste Zisterzienserinnenkloster zu Walberberg besaß ein 1322 verkauftes Weingütchen in Geildorf. - Bereits 1176 wird ein Winricus Rufus de Geilegedorp erwähnt, der in Geildorf selbst Weingärten sein eigen nannte und einen Weingarten zu Königswinter dem Kloster Marienthal an der Ahr vermacht hatte.

Kloster Benden besaß zeitweilig ein kleines Weingartsgut in Eckdorf; dieses war von Wingerten umgeben (vgl. hier unter Walberberg). Ein größerer Hof des Kierberger Klosters findet sich in alten Dokumenten unter der Bezeichnung "Vendelsgut". Der Badorfer "Vendel" oder "Vandel" war ein traditionelles Rebgelände, an das heute noch indirekt der Name "Wingertsberg" erinnert. Einer 1705 angefertigten Beschreibung des Vendelsguts ist zu entnehmen, daß am 12. November 1615 "Eva auff dem Vendel, weylandt Jacobs auff dem Vendel nachgelaßene wittwe" dem Kloster Benden "ihr hauß und hoffrecht" mit allem Zubehör, so einigen Wingerten, für "drittehalb hundert gemeine thaler" verkauft hatte. Mit Blick auf das Jahr 1616 wird "der weingarts gartner auf dem Vendel" erwähnt.

1795 war die auf etwas über 12 Morgen geschmolzene Badorfer Rebfläche, die in ihrer Blütezeit gut 70 Morgen umfaßte, auf insgesamt 41 Besitzer verteilt: "Von der 'Großlage' der Familie Brünninghausen mit 2 ½ Morgen bis hinunter zum ½ Pint des Peter Bollenbeck reicht die lange Liste der Kleinwinzer. Im vorigen Jahrhundert hatten die Badorfer Weingärtner in den Jahren 1813-14 unter wiederholten Durchzügen französischer Truppen zu leiden: Die Lese besorgten die Soldaten zum Vorteil ihrer Mägen. Reben und Haltepflöcke waren willkommenes Brennmaterial für Biwakfeuer!" (Herbert Kerz, 1997).

1871, dem Jahr der Reichsgründung, wurde der letzte kleine Badorfer Wingert in einen Obstgarten umgewandelt. - Über die vermutliche Winzerkapelle Sankt Anna, in der sich ein Bild des Winzerpatrons Johannes Evangelista (mit dem Weinkelch) befand, das jetzt in der Badorfer Pfarrkirche Sankt Pantaleon zu bewundern ist, sowie über die alte Geildorfer Dreifaltigkeitskapelle, in der Sankt Urban als Winzerpatron verehrt wurde, findet man in früheren Kapiteln bereits wichtige Angaben.

Quellenverzeichnis

1) ungedruckte bzw. unveröffentlichte Quellen:

Landeshauptarchiv Koblenz: Abteilung 54/32, Nr. 2083; Nr. 655.
Hauptstaatsarchiv Düsseldorf: Bestand Stift Dietkirchen; Dingstuhlprotokolle Waldorf; Bestand Stift Schwarzrheindorf; Kurköln: Lehen.
Historisches Archiv der Stadt Köln: Bestände Kartäuser, Sankt Apern, Sankt Mariengarten, Sankt Caecilia, St. Ursula, Sankt Maria ad Gradus, Sankt Pantaleon, Jesuiten, Fronleichnamsherren, Sankt Aposteln, Sankt Gereon, Sankt Severin, Sankt Kunibert; Sankt Johann und Cordula, Dominikaner.
Historisches Archiv des Erzbistums Köln: Visitationsprotokolle und Rechnungsbücher verschiedener Vorgebirgspfarreien.
Stadtarchiv Bonn: Bestände Sankt Cassius, Stift Dietkirchen; diverse Einzelarchivalien bzgl. des Weinbaus; Bestand Bürgermeisterei Oedekoven; Bestand Erzstiftische Steuern (Stand 1599): KU 13/7; Bestand Steuerdeskription 1671/72: KU 13/2.
Archiv des Rhein-Sieg-Kreises, Siegburg: Weinpachtregister von 1669 (verschiedene Dörfer des Vorgebirges betreffend); Bestand Landkreis Bonn, div. Nummern.
Stadtarchiv Bornheim: Sammlung Hans Meyer, betr. Merten und Trippelsdorf (Weinbau: bes. Mappe 231); Sammlung Norbert Zerlett, Weinbau 1, 2 (Nr. 240, 241): darin zahlreiche weitere Archivalien in Abschrift bzw. Kopie; Lagerbücher der Herrlichkeit Bornheim (von 1590/1600 und 1736 = "Observanzenbuch"); Rentbuch der Herrschaft Bornheim (16./17. Jh.); Weistümer Bornheim (15. / 16. Jh.); Schatzbuch der Herrlichkeit Bornheim 1576; Pacht- und Zinsregister Londorf ab 1443: Kopie des Originals im Archiv der Grafen von der Leyen in Waal, Nr. 3339 (transkribiert von Hans Meyer); Mertener Regesten (maschinenschriftlich von Franz Levenkaul und Hans Meyer, 1997); Akten der ehem. Bürgermeisterei Sechtem, Abteilung A 7-13, Aktenheft "Wein- und Tabakbau" 1832-1858; Chronik Roisdorf (1906 ff.) von Wilhelm Rech (handschr. und maschinenschr., in der Sammlung Zerlett); zahlreiche andere Einzelarchivalien.
Pfarrarchiv Hemmerich: Rechnungsbuch ab 1652; Nachlaß Pfarrer German Hubert Christian Maaßen (1825 bis 1910).
Pfarrarchiv Brenig: verschiedene Archivalien aus dem 18. Jahrhundert.
Pfarrarchiv Rösberg: Liber computuum Parochialis Ecclesiae S: Marci in Roesberg (ab ca. 1750).
Pfarrarchiv Badorf: diverse Archivalien aus dem 18. Jahrhundert.
Pfarrarchiv Merten: Trippelsdorfer Schatzbuch von 1790 (Abschrift von 1804); verschiedene Rechnungsbücher der Pfarrei ab 1608 (alle transkribiert von Hans Meyer).
Pfarrarchiv Waldorf: diverse Archivalien aus dem 18. Jahrhundert.

Burgarchiv Hemmerich: verschiedene Unterlagen aus dem 18. und 19. Jahrhundert; Aufzeichnungen (maschinenschriftlich) von Gisela Freifrau von Diergardt geb. Freiin von Nordeck zu Nordeck (ca. 1956).
Privatsammlung Wilhelm Heckenbach (Merten): Annotationsbuch des J.Th. Scheben (um 1759 bis 1824) in der Fußgasse zu Merten (transkribiert von Hans Meyer).

2. gedruckte bzw. veröffentlichte Quellen:

Abtei Klosterrath / Rolduc (Niederlande): Annales Rodenses:
1) Facsimile-uitgave van transcriptie, tekstkritische noten en een inleiding voorzien door P.C. Boeren en G.W.A. Panhuysen, Assen 1968.
2) Augustinus, L. / Jamar, J.T.J., Annales Rodenses, Kroniek van Kloosterrade. Tekst en vertaling (Publikaties Rijksarchief Limburg 3), Maastricht 1995.
Appelt, H., Die Urkunden Friedrichs I., 1152-1158 (= Monumenta Germaniae Historica X,1), Hannover 1975.
Aubin, H. (Hrsg.), Die Weistümer der Rheinprovinz, 2. Abteil.: Die Weistümer des Kurfürstentums Köln, 2. Bd.: Amt Brühl, Bonn 1914.
Brincken, A.-D. von der, Das Stift St. Georg zu Köln (Urkunden und Akten 1059-1802) (= Mitteilungen aus dem Stadtarchiv Köln, Bd. 51), Köln 1966.
Burfeid, J., Suaventhorp, Suavedorp, Schwadorf: Zwesche Dreesch un Fläch (Regestensammlung), Brühl-Schwadorf 1993.
Ennen, L. / Eckertz, G. (Hrsg.), Quellen zur Geschichte der Stadt Köln, 6 Bde., Köln 1860-1879.
Hansmann, Ä., Das Alte Archiv, Urkunden 1301-1790 (= Quellen zur Geschichte des Rhein-Sieg-Kreises, Bd. 7), Bonn, Siegburg 1977.
Höroldt, D. (Bearb.), Die Urkunden des Archivs von Burg Rösberg (= Inventare nichtstaatlicher Archive, Bd. 26), Köln 1981.
Korn, O. / Pagenstecher, W. (Bearb.), Rheinisches Siegel- und Urkundenbuch, Brühl 1952.
Lacomblet, Th.J., Urkundenbuch für die Geschichte des Niederrheins oder des Erzstifts Cöln..., 4 Bde., Düsseldorf 1840-1858 (Nachdruck 1960).
Levison, W., "Die Bonner Urkunden des frühen Mittelalters", in: Bonner Jahrbücher 136 / 137 (1932), S. 217-270.
Mosler, H. (Bearb.), Urkundenbuch der Abtei Altenberg (Bd. 1), Bonn 1912.
Penning, W.-D., Das Adelsarchiv Lüftelberg (= Quellen zur Geschichte der Rhein-Sieg-Kreises, Bd. 1), Siegburg 1984.
REK = Die Regesten der Erzbischöfe von Köln im Mittelalter (= Publikationen der Gesellschaft für Rheinische Geschichtskunde XXI), 9 Bde., Bonn, Düsseldorf, Köln 1901-1983 (bearb. von Andernach, Janssen, Kisky, Knipping, Oediger).
Schmitz, F., (Bearb.), Urkundenbuch der Abtei Heisterbach, Bonn 1908.
Stommel, K. und H.(Bearb.), Quellen zur Geschichte der Stadt Erftstadt, 2 Bde., Erftstadt 1990-1991.

Wisplinghoff, E., Urkunden und Quellen zur Geschichte von Stadt und Abtei Siegburg 1, Siegburg 1964.
Wisplinghoff, E., Rheinisches Urkundenbuch. Ältere Urkunden bis 1100, Bonn 1972.
Wündisch, F. (Bearb.), Brühler Regesten, Bd. 1: 929-1499 (= Quellen zur Geschichte der Stadt Brühl IV), Brühl 1984.
Wündisch, F. (Bearb.), Bender Urkundenbuch, Bd. 2 (= Quellen zur Geschichte der Stadt Brühl VI), Brühl 1989.
Wündisch, F. (Bearb.), Anderthalb Jahrtausende Weiherhof in Schwadorf (= Quellen zur Geschichte der Stadt Brühl VIII), Brühl 1992.

Literaturverzeichnis

Arndt, E.M., Wanderungen rund um Bonn ins rheinische Land (neue bearb. Ausgabe der 1844 erschienenen "Wanderungen aus und um Godesberg"), Köln 1978.
Becker, H.U., Witterschlick und Impekoven. Eine ortsgeschichtliche Dokumentation, Bonn 1986.
Begleiter auf der Cöln-Bonner Eisenbahn, 1844.
Breuer, R.W., Hersel am Rhein, Bd. 1, Bonn-Buschdorf 1996.
Brodesser, H., Heimatbuch Rhein-Sieg, Troisdorf 1985.
Brosche, K.F., Die Geschichte des Frauenklosters, späteren Kanonissenstiftes Dietkirchen bei Bonn von den Anfängen der Kirche bis zum Jahre 1550, Diss. Bonn (maschinenschriftlich) 1951.
Bücher, J., Flurnamen und Eigentumsverhältnisse im Süden von Beuel (= Studien zur Heimatgeschichte des Stadtbezirks Bonn-Beuel, Heft 19), Bonn 1974.
Bursch, H., Hemmerich im Vorgebirge. Das Dorf im Wandel der Zeit, Bonn 1982.
Bursch, H., Aus der Heimatchronik des Vorgebirgsdorfes Rösberg, Bonn 1983.
Bursch, H., Die Siedlungsnamen der Stadt Bornheim. Eine Studie zur Toponymie und Siedlungsgeschichte des Vorgebirges, Bonn 1983.
Bursch, H., "'Tras la Viña': Sobre un topónimo asturiano y unos paralelos en la toponimia alemana (Rin y Mosela)", in: Verba. Anuario galego de filoloxía, vol. 13, 1986, S. 325-327.
Bursch, H., Kardorf in alter Zeit, Kardorf 1994.
Bursch, H., Uedorf am Rhein. Eine heimatkundliche Darstellung aus Anlaß der 850jährigen Ersterwähnung, Bornheim-Uedorf 1993.
Bursch, H., Die Siedlungsnamen der Stadt Bonn (= Veröffentlichungen des Stadtarchivs Bonn, Bd. 38), Bonn 1987.
Bursch, H. / Heimig, H., Dersdorf. Eine Ortsgeschichte in Wort und Bild, Bornheim 1992.
Bursch, H., "Kardorfer und Hemmericher Nachrichten aus dem Mittelalter", in: Bornheimer Beiträge zur Heimatkunde, Heft 1, 1984, S. 25-36.
Bursch, H., "Ehemalige Kartäuserhöfe zwischen Bonn und Köln. Zum Doppeljubiläum des berühmten Einsiedlerordens", in: General-Anzeiger ("Rheinische Chronik"), Bonn, 22./23. Sept. 1984, S. XXIII.

Bursch, H., "Aus der Geschichte des Rodenkirchener Hofs zu Waldorf im Vorgebirge", in: General-Anzeiger ("Rheinische Chronik"), Bonn, 11./12. Juni 1983, S. XIV.

Bursch, H., "Die Stiftsherren schätzten Wein aus dem Vorgebirge. Die Geschichte des Hasenhofs läßt sich bis ins 14. Jahrhundert zurückverfolgen", in: Bonner Rundschau (U), Nr. 68, vom 21. März 1987, Bl. 21.

Bursch, H., "Die ehemalige Hofsiedlung Krawinkel / Krenkel in Walberberg", in: Jahrbuch des Rhein-Sieg-Kreises 1987, S. 65-68.

Bursch, H., "Von 'Blaufuchs' bis 'Wirtz'. Rheinische Familiennamen im Umfeld des Weinbaus", in: General-Anzeiger ("Rheinische Chronik"), Bonn, 11. Febr. 1993, S. 14.

Bursch, H., "Vor 100 Jahren fand in Bornheim die allerletzte Traubenlese statt. Im Vorgebirge wurden bis zur Jahrhundertwende etliche Rebsorten angebaut", in: Bonner Rundschau (U), Nr. 221, vom 21. Nov. 1990.

Bursch, H., "Zur Geschichte der alten Kartäuserhöfe im Vorgebirge und Umgebung", in: Jahrbuch des Rhein-Sieg-Kreises 1991, S. 85-90.

Bursch, H., "Burgen und herrschaftliche Landhäuser in Roisdorf", in: Jahrbuch des Rhein-Sieg-Kreises 1995, S. 55-62.

Bursch, H., "Schloß Bornheim und Umgebung. Eine heimatkundliche Skizze aus Anlaß der 850jährigen Ersterwähnung eines Adelssitzes im Herzen des Vorgebirges", in: Jahrbuch des Rhein-Sieg-Kreises 1997, S. 48-59.

Bursch, H. / Heimig, H. / Meyer, H., Die Stadt Bornheim. Mittelalterliche Ersterwähnungen der einzelnen Ortschaften (hrsg. von der Raiffeisenbank Vorgebirge eG), Bornheim 1996.

Bursch, H., Die Pfarrpatrozinien des Dekanates Bornheim. Alter, Herkunft und Bedeutung aller Haupt-, Neben- und Ortspatrozinien, Bornheim 1999.

Bursch, H., "Sankt-Anna-Wein und Johannisminne", in: Bonner Rundschau, Nr. 299 vom 23. Dez. 1998, S. 5.

Dederichs, E., Chronik der Pfarrei St. Michael Waldorf, Waldorf 1980.

Dietz, J., "Eine Steuerliste der Ämter Godesberg und Bonn vom Jahre 1449", in: Bonner Geschichtsblätter, Bd. 8, 1954, S. 105-134.

Dietz, J., "Unbekannte Burgen im Bonner Land", in: Heimatblätter des Rhein-Sieg-Kreises, Heft 97, Dez. 1970, S. 78-95.

Dietz, J., 1173-1973. 800 Jahre Merten, Bornheim 1973.

Dietz, J., Bonner Flurnamen (= Veröffentlichungen des Bonner Stadtarchivs, Bd. 11) Bonn 1973.

Dietz, J., Bonner Bilderbogen, 1971.

Dietz., J. / Zerlett, N., 900 Jahre Alfter 1067-1967, Spich 1967.

Frizen, H., Die Geschichte des Klosters Schwarzrheindorf von den Anfängen bis zum Beginn der Neuzeit (= Studien zur Heimatgeschichte des Stadtbezirks Bonn-Beuel, Heft 23), Bonn 1983.

Gechter, M., "Zur Wirtschaftsgeschichte der Kartäuser", in: Schäfke, W. (Hrsg.), Die Kölner Kartause um 1500: Aufsatzband, Köln 1991, S. 123-137.

Gierlich, E., "St. Klara und ihr Roisdorfer Hof", in: Pfarrbrief der Pfarrgemeinde Sankt Sebastian Roisdorf, Januar 1993, S. 9-10.

Hillebrand, S., Flur- und Ortsnamen als Indikatoren für die naturräumliche und kulturräumliche Struktur eines Raumes — dargestellt am Beispiel der Vorgebirgsgemeinden Alfter und Bornheim (wissenschaftliche Arbeit im Rahmen der Ersten Staatsprüfung für das Lehramt für die Sekundarstufe I: maschinenschriftlich), Bonn 1982.

Hirschfelder, G., "'Und also die ganze Woche ein grosses Gesaufte war'. Aspekte oberschichtlicher Trinkgewohnheiten im Rheinland vom 17. bis zum 19. Jahrhundert", in: Volkskultur an Rhein und Maas, Heft 1 / 1994, S. 5-14.

Höroldt, D., Das Stift St. Cassius zu Bonn von den Anfängen der Kirche bis zum Jahre 1580 (= Bonner Geschichtsblätter, Bd. 11), Bonn 1957.

Jungandreas, W., Zur Geschichte des Moselromanischen. Studien zur Lautchronologie und zur Winzerlexik (= Mainzer Studien zur Sprach- und Volksforschung, Bd. 3), Wiesbaden 1979.

Kalkum, E.G., "Über das Wirtschaftsleben in Alfter", in: Beiträge zur Geschichte von Alfter, Alfter 1989, S. 109-178.

Kerz, H., "Vom Weinbau in Badorf", in: Ein Haus voll Glorie schauet weit über alle Land! 100 Jahre Pfarrkirche St. Pantaleon in Brühl-Badorf, Brühl 1997, S. 27-29.

Kollmann, K., Rheinisches Wanderbuch. Bilder aus dem Natur- und Volksleben der Rheinlande, 2. Aufl. Bonn 1897.

Levenkaul, F. / Meyer, H., "Trippelsdorfer Wein", in: Bornheimer Beiträge zur Heimatkunde, Heft 1, 1984, S. 5-11.

Levenkaul, F. / Meyer, H., Frühere Vinzenzkapelle, Heiligenhäuschen, Kreuze, Merten 1988.

Levenkaul, F. / Meyer, H., Flur- und Straßennamen in Merten, Merten 1990.

Levenkaul, F. / Meyer, H., Mertener Regesten: Erzbischöfe, Ortschaft Merten, Ortschaft Trippelsdorf, Schöffen, Kartäuser, v. Weichs, Merten 1998.

Lexikon für Theologie und Kirche (Sonderausgabe), 2. Aufl. Freiburg/Br. 1986.

Lowey, J., Walberberg - Daten und Fakten zur Ortsgeschichte (Kurzfassung), Walberberg 1993.

Maaßen, G.H.Chr., Geschichte der Pfarreien des Dekanates Hersel, Köln 1885.

Maaßen, G.H.Chr., Geschichte der Pfarreien des Dekanates Bonn, 1. Teil: Bonn Stadt, Köln 1894.

Maaßen, G.H.Chr., "Die römische Staatsstraße von Trier über Belgika (sic) bis Wesseling am Rhein, und der Römerkanal am Vorgebirge", in: Annalen des historischen Vereins für den Niederrhein, Bd. 37, Köln 1882, S. 1-119.

Meyer, H. (siehe: Levenkaul, F. / Meyer, H.).

Ossendorf, K., "Sancta Colonia" als Weinhaus der Hanse / Köln als Zentrum des Weinhandels im Mittelalter (= Schriften zur Weingeschichte, Nr. 116 und 118), Wiesbaden 1996.

Oster, T., "Zur Geschichte des Fronhofes", in: ders., Beiträge zur Heimatkunde Walberbergs, Heft 1, Walberberg 1993, S. 18-33.
Prößler, H., Das Weinbaugebiet am Mittelrhein in Geschichte und Gegenwart, Koblenz 1979.
Restorff, F.v., Topographisch-statistische Beschreibung der Königlich-Preußischen Rheinprovinz, Bd. 1, Berlin, Stettin 1830.
Rosellen, R.W., Geschichte der Pfarreien des Dekanates Brühl, Köln 1887.
Schäfke, W. (Hrsg.), Die Kölner Kartause um 1500: Aufsatzband, Köln 1991.
Schröder, R. (Bearb.), Weistümer, Teil 6, Göttingen 1869.
Steimel, M., Duisdorfer Chronik (bearb. von R. Ostrovsky), Bonn 1998.
Stramberg, Chr. v., Denkwürdiger und nützlicher Rheinischer Antiquarius, Bd. 3, Abt. III, Koblenz 1866.
Strange, J., Beiträge zur Geschichte der adligen Geschlechter, I-XII, Köln 1864-1877.
Stüsser, J., Die ehemalige Dreifaltigkeitskapelle in Badorf-Geildorf (unveröffentlicht), 1998.
Theisen, G., "Segnung von Johanniswein am 27. Dezember", in: Pfarrbrief Nr. 110 der Pfarrgemeinden St. Mariä Himmelfahrt (Oedekoven), St. Jakobus (Gielsdorf) und St. Mariä Heimsuchung (Impekoven), Weihnachten 1998 / Neujahr 1999, S. 3-4.
Thomas, R., Gielsdorf., Geschichte eines Vorgebirgsortes, Oedekoven / Lessenich 1978.
Thomas, R., Oedekoven. Geschichte des Ortes und der Bürgermeisterei Oedekoven, Oedekoven 1979.
Thomas, R., Beiträge zur Geschichte der Orte Lessenich, Messdorf und Duisdorf, Lessenich 1982.
Vortisch, Chr. M., "Brot und Wein. Kulturgeschichtliches und Volkskundliches zur Familiennamengebung", in: Das Markgräflerland. Beiträge zu seiner Geschichte und Kultur, NF 11 (42), Heft 3 und 4, 1980. S. 350-365.
Weffer, H., Endenich. Die Geschichte eines Bonner Vorortes, Bonn 1987.
Wrede, A., Volk am ewigen Strom, Bd. 1: Arbeit und Leben am Rhein, Essen 1935.
Wrede, A., Neuer Kölnischer Sprachschatz, 3 Bde., 8. Aufl. Köln 1981.
Wuerst, E.A., Bonn und seine Umgebung, Bonn 1881.
Zepp, P., Der Rückgang der rheinischen Weinkultur nordwärts von Andernach (= Verhandlungen des Naturhistorischen Vereins der preußischen Rheinlande und Westfalens, Jahrgang 84), Bonn 1928.
Zerlett, N., "Der untergegangene Weinbau", in: Heimatbuch des Landkreises Bonn, Bd. 2, Bonn 1959, S. 133-143.
Zerlett, N., "Der Grenzstreit zwischen Alfter und Bornheim um 1500", in: Bonner Geschichtsblätter, Bd. 19, 1965, S. 39-65.
Zerlett, N., "Das Verschwinden des Weinbaues am Vorgebirge", in: Rheinische Heimatpflege, Neue Folge IV / 1970, S. 303-315.

Zerlett, N., "Geschichts- und Kulturbild des Stiftes Schillingskapellen", in: Brühler Heimatblätter 1, 1980, S. 2-34.
Zerlett, N., Stadt Bornheim im Vorgebirge (= Rheinische Kunststätten, Heft 243), Neuss 1981.
Zerlett, N., "Historische Weinhäuser am Vorgebirge", in: Jahrbuch des Rhein-Sieg-Kreises 1988, S. 114-115.

Historische Karten

Hogenberg, F., Das Erzbistum Köln zur Zeit des Truchseßschen (Kölnischen) Krieges, 1583 (Stadtarchiv Köln, Pl. 1/992).
Tranchot-Karte, Blatt 92 ("Sechtem") von 1807/08 (hrsg. vom Landesvermessungsamt NRW, Bonn).
Karte der Weinbauflächen im ehemaligen Kreis Bonn, 1850 (in: Hartstein, E., Statistisch-landwirtschaftliche Topographie des Kreises Bonn, Bonn 1850).
Katasterkarten Vorgebirge, 19./20. Jahrhundert (Katasteramt des Rhein-Sieg-Kreises, Siegburg / Stadtarchiv Bornheim).

Alte Weinkelter in Gielsdorf, Ecke Kirchgasse / Am Junker.

Bönnsche/Rheinische Krimis

PETER ASSION
Der tote Penner
Mord am Funkenmariechen
Muffensausen
Hermine Pfefferkorn schnallt ihr Bein ab
Lombardo und die Tote im Rhein
Treffpunkt Münsterplatz
Der alte Mann und das Mädchen - Ein Siegburg-Krimi
Tod im Stadthaus
Herbstblätter
Das Mädchen am Fenster
Dreck am Stecken - Mord in Vilich
Der Katzenmörder von Rheinbach
Der fiese Möpp von Muffendorf
Mord im Münster
Rache am Drachenfels
Der vergiftete Joghurt - Erpressung in Sankt Augustin
Das Waschweib - Eine Beueler Kriminalgeschichte

HORST BURSCH
Rübe ab - Der Machetenmord im Vorgebirge

HEINRICH A. OTTO
Die Gerechten
Everding sieht braun
Peter Puck und die Kleinen Könige

URSULA SCHMITTEN
Sommersemester
Das Fenster zum Garten - Ein Hangelar-Krimi

VERLAG DIVOSSEN
53229 BONN - BURBANKSTR. 28
RUF 0228 48 21 92 - FAX 0228 48 22 63

Rheinische Geschichten

PETER ASSION
Der Kamellendieb
Frieda Klapperich: So is dat!
Frieda Klapperich: Na und?!
Die Klapperichs - Szenen einer rheinischen Ehe
Immer wieder Frieda - Rheinische Geschichten
Jan, Therese und die Andere -
　Eine rheinische Liebesgeschichte
Entweder et ränt, oder de Schranke sin zo -
　Bönnsche/Kölsche Redensarten

MARCELL FUCHS:　　Mahlzeit
S. HINTERKAUSEN:　Niobe
ERICH HÖHNER:　　gerupft - Heitere Gedichte
LISELOTTE NERLICH:　aufgespießt - Lilos Reimereien

HEINRICH A. OTTO
Guano - Konzentrierter Vogelmist
Humorvolle Geschichten
um den legendären Repetitor Schneider

ADELINE AHLERS
Lebe wohl, Elisabeth!

Heimatbuch

Dr. HORST BURSCH
Bacchus im Vorgebirge

Kinderbücher

PETER ASSION
Jonathan, das kleine Schloßgespenst
Die Gespenster-Detektive
Ein Pfennig zu wenig -
　Ein Bonn-Krimi für Kinder
Kuddel-Muddel